Dahlem

Christian Simon

# DAHLEM

## Zwischen Idylle und Metropole

berlin edition im
be.bra verlag

# VORWORT

Als ich im Wintersemester 1980/81 mein Studium an der Freien Universität Berlin (FU) aufnahm, hatte ich zu Dahlem keinen Bezug. Die Mischung aus vielen, vielen – teils von der FU genutzten – Villen, schmucklosen Zweckbauten der Universität und rätselhaften Gebäuden einer Max-Planck-Gesellschaft war für mich anfangs zusammenhanglos. Erst nach dem Studium wurde mir so richtig bewusst, durch welche historischen Straßen und Häuser ich mich von Semester zu Semester bewegt hatte.

Es mag vielen ähnlich ergangen sein, die an der Freien Universität studiert haben. Und das waren Anfang der 1990er Jahre immerhin über 60.000 Studierende.

Andere Berliner verbinden mit Dahlem eher den altehrwürdigen Gutshof, die Domäne Dahlem. Hier locken Landluft, Erntefeste, Adventsmärkte, Ausstellungen, Konzerte, der Ökomarkt, der Hofladen und vieles andere mehr jährlich über 200.000 Besucher an.

Dass das US-Militär fast ein halbes Jahrhundert lang das Bild ganzer Straßenzüge prägte, erscheint rückblickend eher als Intermezzo.

Die Villenkolonien Westend (gegründet 1866), Grunewald (1890), Dahlem (1901) und Wannsee (1869) gehören zu den elitären Berliner Wohngebieten, die den Grunewald fast in einem Halbkreis umschließen. Dahlem nimmt dabei in mehrfacher Hinsicht eine Sonderstellung ein. Die Prominenten-Dichte kann sich zwar mit der der genannten Orte messen. Aber da Dahlem eine relativ späte Gründung ist, findet sich hier teilweise eine andere Architektur als in den älteren Kolonien. Einzigartig ist die Entstehung unter staatlicher Leitung und nicht wie sonst in der Regie privater Gesellschaften, Banken oder Einzelinvestoren. Beispiellos für eine Villenkolonie ist die Ballung von Wissenschaft und Spitzenforschung von Weltrang, ausgewiesen durch zahlreiche Nobelpreisträger. Schließlich profitiert Dahlem von seiner günstigen Lage zwischen der quirligen Steglitzer Einkaufsmeile Schlossstraße im Osten und dem erholsamen Grunewald im Westen. Mit der U-Bahn

*Die Dahlemer Dorfkirche St. Annen (6.2.2016)*

erreicht man schnell den Berliner Westen und am Breitenbachplatz sowie in Steglitz gibt es Anschlüsse ans Stadtautobahnnetz. Das Leben in einer Großstadt und trotzdem ein beschauliches Wohnen ohne lange Anfahrtswege schließen sich hier nicht aus.

Dieses Buch führt durch die wechselvolle Geschichte Dahlems. Deren Vielschichtigkeit macht es manchmal notwendig, die Chronolgie zu durchbrechen und eine Entwicklung bis in die Gegenwart hinein zu beschreiben, um bestehende Zusammenhänge nicht auseinanderzureißen.

Mit Dahlem ist immer das Gebiet in seinen Grenzen ab 1938 gemeint, Abweichungen davon sind vermerkt. Zur besseren Orientierung habe ich die heutigen Straßennamen und Hausnummern verwendet.

Christian Simon
im Juli 2016

# VORGESCHICHTE

Als die letzte Eiszeit nach einer Dauer von rund 100.000 Jahren endete, begann das Gletschereis nach und nach abzuschmelzen. So bildete sich in Norddeutschland vor etwa 12.000 bis 14.000 Jahren allmählich die heutige flachwellige Aufschüttungslandschaft heraus. Der Fachmann spricht von einer Grundmoräne, die später den Namen Teltow erhielt. Der Untergrund besteht meist aus Geschiebelehm und Geschiebemergel (Ton, Sand, Kies, Steine), der für eine gute Wasserhaltekraft und Nährstoffverfügbarkeit sorgt. Im Grunewald dominieren dagegen über 20 Meter mächtige Schmelzwassersande, die für Landwirtschaft kaum geeignet sind. Dies erklärt, warum Dahlem mit seinen Ackerfluren zwei Kilometer vom Grunewaldsee entfernt angelegt wurde.

Mittelalterliche Dorfgründungen am Schlachtensee und an der Krummen Lanke mussten schon bald aufgegeben werden. Bei einer Ansiedlung Im Schwarzen Grund handelt es sich möglicherweise nur um einen Teerofen. Auch Siedlungen am Messelteich (früher Pechliner Pfuhl, heute etwa 1,75 Meter tief) und am Finkenteich beiderseits der Pacelliallee/Im Dol fielen wieder wüst. Diese Pfuhle sind vereinzelt in die Grundmoränenplatten eingelagert. Sie entstanden entweder durch strudelndes Schmelzwasser oder durch Abtauen eines großen Eisblockes, der in den Untergrund eingesackt war und eine Vertiefung hinterließ. Daher sind sie natürlichen Ursprungs, genau wie der Dreipfuhl im gleichnamigen Park an der Leichhardtstraße. Er entstand aus ursprünglich drei Pfuhlen, was den Namen erklärt. Den Limonenteich an der Altensteinstraße legte die Aufteilungskommission 1902 als Wassersammelbecken an. Er wurde bereits mehrfach entschlammt und mit Sauerstoff angereichert.

Der Rückertteich auf dem Gustav-Mahler-Platz gehört zwar seit 1938 zu Steglitz, liegt aber direkt an der Grenze zu Dahlem, die hier die Englerallee bildet. Er hieß früher Karpfenpfuhl, wie etliche Gewässer in der Gegend. Dem heutigen Teich, nur noch etwa eineinhalb Meter tief, sieht man nicht an, welche menschlichen Tragödien sich hier abspielten. Im November 1879 ertränkte sich die 20-jährige Wilhelmine Melke aus Liebeskummer. Sie hatte als Hausmädchen auf dem Gut Dahlem gearbeitet. Und am 15. Januar 1882 brach der 16-jährige Sohn des Drechslers Kramer aus Steglitz (Grüner Weg) beim Eislaufen ein. Er konnte trotz sofortiger Suche später nur noch tot geborgen werden.

Der Dahlemer Dorfteich trocknete im heißen Sommer 1857 aus. Er befand sich an der Ecke Königin-Luise-Straße/Thielallee, wo seit 1927 das Gemeindehaus steht. Man muss davon ausgehen, dass diese Pfuhle von Menschen als Viehtränke oder für die Schafswäsche künstlich offen gehalten wurden. Ansonsten wären sie im Laufe der Jahrtausende verlandet. Seit Beginn des 20. Jahrhunderts, als in Dahlem immer mehr Straßen entstanden, nutzt man sie als Regenwassersammelbecken.

Strömende Schmelzwässer haben auch längliche Gräben ausgebildet. Eine solche Rinne schlängelt sich vom Föhrenweg entlang der Straßen Im Schwarzen Grund und Landoltweg bis zur Kaiserswerther Straße von Nordwest nach Südost. Ein Seitenarm reicht bis zum östlichen Ende des Hüttenweges. Vielleicht hatte diese Senke einmal eine Verbindung zum Bäketal oder zur Grunewaldseenkette. Die augenfällige Talung gestalteten Richard Köhler und Emil Schuber zwischen 1912 und 1915 zu einer anmutigen Parkanlage, die in den 1920er-Jahren und zuletzt 1934 verändert wurde. Die künstlich angelegten Teiche haben eine Teerpappenabdichtung, teilweise auch Beton, auf der eine Schicht Kies oder Ton aufgebracht wurde. Der drei Meter tiefe Triestparkteich am Landoltweg wurde erst 1982 angelegt. Der Pücklerteich mit südlichem Überlaufbecken am Brücke-Museum ist ebenfalls künstlichen Ursprungs.

In den morastigen Untergrund dieser Rinne war ein 50 Tonnen schwerer Findling vier Meter tief eingesunken, den die Gletscher vor Jahrtausenden hierhergeschoben hatten. Er kam beim Bau des U-Bahnhofes Thielplatz 1911 wieder zum Vorschein. Selbst ein Gespann mit 16 Ochsen schaffte es damals nicht, den Granitblock mit einem Umfang von zehn Metern von der Stelle zu bewegen. Mittels Flaschenzügen und Rundhölzern wurde er schließlich aus der Baugrube gewuchtet und steht noch heute an der Ecke Löhleinstraße/Im Schwarzen Grund im Thielpark.

Von den Einsenkungen abgesehen, ist das Gebiet von Dahlem relativ eben. Es liegt etwa zwischen 57 und 45 Metern über dem Meeresspiegel. Die auffälligste Steigung von sieben Metern findet man auf

*Der Thielpark, im Hintergrund die Villa Huth in der Bitterstraße 8/12*

dem 800 Meter langen Abschnitt der Königin-Luise-Straße zwischen Edwin-Redslob-Straße und Königin-Luise-Platz. Das ist so hoch, dass die natürlichen Pfuhle bis zu 15 Meter über dem Grundwasserspiegel liegen. Die eiszeitliche Sohle aus Geschiebelehm und Ton verhindert, dass das Wasser versickert.

Die ersten menschlichen Spuren stammen aus der Steinzeit. Es gab um 1900 entsprechende Funde am Gutshof und am Arndt-Gymnasium. 1903 entdeckte man an der Ecke Podbielskiallee/Kaiser-Wilhelm-Platz Urnen, vermutlich aus der Zeit 450 v. Chr. bis zum Ende des 1. Jahrhunderts v. Chr. (Eisenzeit).

## Die Ostkolonisation

Im Zuge der Völkerwanderung besiedelten die Slawen im 6. Jahrhundert von Osten her die Mark Brandenburg. Verbliebene Germanen wurden assimiliert. Ab etwa 930 betrieben die Deutschen die Wiedereroberung der Gebiete östlich der Elbe.

*Albrecht der Bär, Denkmal von Walter Schott an der Berliner Siegesallee*

Schließlich besetzte der Askanier Albrecht der Bär die Mark Brandenburg im Jahre 1157. Seine Urenkel Johann I. und Otto III. erwarben um 1230 auch das heutige Dahlemer Gebiet. Kurz darauf kam bereits die erste deutsche Siedlerwelle aus dem Westen und dem Süden Mitteleuropas. Ein sogenannter Locator verpflichtete sich gegenüber dem Markgrafen, die künftige Dorfflur an die Ansiedler zu vergeben, die er anwerben musste. Dafür erhielt er das Schulzenamt und ein Zehntel der Gemarkung als abgabefreien Grundbesitz. Die Neuankömmlinge mussten den Wald roden, Häuser bauen und Äcker kultivieren. Neue Straßen- und Angerdörfer wurden angelegt oder bestehende slawische Siedlungen erweitert. Nicht alle Neugründungen glückten; es wurde schon darauf hingewiesen, dass Siedlungen am Messel- und am Finkenteich wieder wüst fielen.

Dahlem ist eine deutsche Gründung, hatte also keinen direkten slawischen Vorläufer wie etwa Köpenick. Slawen legten ihre Siedlungen eher am Wasser oder feuchten Niederungen an, nicht auf trockenen Hochflächen. Andererseits ist eine unter dem Herrenhaus gefundene Hakenpflugspur slawischen Ursprungs. Für eine vermutete slawische Siedlung nahe dem Dorfkern namens »Pechüle« gibt es aber sonst keine Belege.

Das Jahr der Gründung ist unbekannt. Nach der bauhistorischen Einordnung der ältesten Teile des Mauerwerks der Dorfkirche, die auf einem Sockel aus gespaltenen Feldsteinen steht, entstand Dahlem vermutlich zwischen 1200 und 1230. Das benachbarte Zehlendorf (»Cedelendorp«) wurde erstmals 1242 urkundlich erwähnt.

Die erste schriftliche Erwähnung von Dahlem (»Dalm«) findet man im Landbuch Kaiser Karls IV. von 1375, allerdings nur im Register. Da die Familie von Milow mit Dahlem belehnt war, standen dem Kaiser aus dem Dorf keine Abgaben zu. Daher waren für ihn weitere Informationen zum Ort unnötig.

## Der Ortsname

Der Name »Dahlem« kommt öfter vor, auch als Familienname. Ein Beispiel ist Franz Dahlem, ein führender SED-Funktionär der damaligen DDR. Auch als Ortsname ist die Benennung kein Einzelfall, wie »Dahlem« im Landkreis Lüneburg oder der Dahlemer See im Landkreis Cuxhaven zeigen. Häufiger tritt der Name im Bereich der Eifel auf. Jeweils ein »Dahlem« gibt es im Kreis Euskirchen und im Eifelkreis Bitburg-Prüm (»Dahlem« und »Spangdahlem«). Deren erste urkundliche Erwähnungen stammen aus dem 8. und 9. Jahrhundert. Daneben finden wir in der belgischen Provinz Lüttich noch die Gemeinde »Dalhem«. Ältere Schreibweisen dieser Orte lauten »Dalon«, »Dalem« oder »Dahlheim«. Sprachwissenschaftler übersetzen die indogermanische Wurzel »dhel« mit »Tal«. Demnach bedeutet der Name »Dahlem« Talheim. Gleiches gilt für ähnliche Ortsnamen wie z. B. »Dahl« oder »Dahlen«. Selbst der Name des sächsischen »Dahlen«, das slawischen Ursprungs ist, leitet sich vom altsorbischen Wort *Dol'ane* ab, was »Bewohner einer Niederung« oder eines Tales bedeutet.

Unser Teltower Dahlem liegt im Dorfbereich auf 54 Meter über NN, was verglichen mit Alt-Berlin (34 Meter über NN) relativ hoch ist. Daher machen weder indogermanische noch altsorbische Ableitungen mit »Tal« oder »Senke« Sinn. Es ist vermutlich nur eine – damals übliche – Namensübertragung ohne einen Bezug zur Topografie von Neusiedlern aus der Altmark. Vielleicht kamen die Ur-Dahlemer ja aus »Dahlen«, heute ein Ortsteil von Stendal. Ab etwa 1785 setzte sich die heutige Schreibweise durch.

# DURCH DIE JAHRHUNDERTE

Im sogenannten Schoßregister von 1451 finden wir erstmals Details zu Dahlem. Dabei handelt es sich um ein Steuerregister. Der Name »Schoß« erklärt sich aus der heute noch gebräuchlichen Formulierung, jemandem Geld »zugeschossen« zu haben. In der Urkunde heißt es u.a.: »Dalem haben die Milow von meinem Hern zu Lehn. Auf der Feldmark sind 40 Hufen, davon hat der Pfarrer 2, das Gotteshaus eine, Otto Milow 10 freie. So sind 3 wüst, die anderen geben jeglicher 3 Scheffel Roggen, 3 Scheffel Hafer, 6 Groschen, 1 Kossät gibt 4 Groschen, …«[1]

Die verzweigte Familie von Milow hatte im 14. Jahrhundert in der Mark in mehreren Orten Grundbesitz, residierte aber wohl nicht in Dahlem. Sie hatten das Dorf von den Wittelsbachern für geleistete Dienste erhalten. Diese zahlten selten bar, sondern mit Grundbesitz und dem Recht auf Dienste und Einkünfte durch Abgaben der Bauern. Die Hufen, verwandt mit dem Begriff »Hof«, waren eine Bemessungseinheit zur Erhebung dieser Abgaben und Dienste. Die Flächengröße einer Hufe war von Dorf zu Dorf verschieden. Verbreitet waren die flämische Hufe mit etwa 17 Hektar, die fränkische Hufe mit ca. 24 Hektar und die Hagenhufe mit rund 20 Hektar. 20 Hektar sind etwa so groß wie 28 Fußballfelder. 1480 werden für Dahlem 52 Hufen angegeben, 1541 sind es nur noch 50 Hufen. Es bleibt unklar, ob die Zahl der Hufen reduziert wurde, ob ein anderes Hufenmaß verwendet worden ist oder ob es sich um Schreibfehler handelt. Die Getreide-Maßeinheit Scheffel entspricht im Berliner Raum rund 50 Litern. Somit wären drei Scheffel eine randvoll gefüllte Badewanne.

Claus von Milow starb um 1482. Am 19. September 1483 ging Dahlem in den Besitz der Familie von Spi(e)l über, die hier schon 20 Hufen besaß. Um das Jahr 1520 kam auch das benachbarte Steglitz für rund zwei Jahrhunderte in ihren Besitz. Der letzte Vertreter der Adelsfamilie, Christoph Erdmann von Spiel, starb am 27. September 1713. Die verwitterte Grabtafel hängt heute im Durchgang des Gemeindehauses der Steglitzer Matthäus-Gemeinde an der Schloßstraße 44a. Seit 1925

*Das Restaurant Paulsborn 1907*

erinnern die Milow- und die Spilstraße am Breitenbachplatz an die alten Geschlechter. Auch hieß der Grunewaldsee zeitweilig Spilsee, weil er zum herrschaftlichen Grundbesitz zählte. Das Gewässer gehört heute zum Ortsteil Grunewald (Bezirk Charlottenburg-Wilmersdorf). Dennoch sei an dieser Stelle erwähnt, dass es hier Jahrhunderte später eine Militärschwimmanstalt der Gardeschützen gab und ab 1909 auch eine Badeanstalt für die Schüler des Arndt-Gymnasiums.

Lediglich das Jagdschloss Grunewald und das Lokal »Forsthaus Paulsborn« direkt am Ufer gehören zu Dahlem. Das Lokal am Hüttenweg 90 existiert seit 1905. Die Anfänge reichen zurück auf den 14. Juni 1800.[2] An diesem Tag erwarb der Kapitän im Regiment v. Möllendorf zu Berlin, Johann Georg von dem Borne, vom Dahlemer Grundherrn, dem Grafen von Podewils, ein Waldgebiet von 6 Morgen und 28 Ruten am südlichen Ufer des Grunewaldsees. V. d. Borne fällte Bäume und errichtete dort ein Wohngebäude aus Lehmziegeln. 1806 verkaufte er die Hütte an den Kutscher und Jagdzeugwärter Johann Paul.

Möglicherweise erklärt sich aus der Verbindung »Paul« und »Borne« der Name Paulsborn. Born könnte aber auch für Brunnen oder Quelle stehen, was auf einen Ausschank für Fuhrleute hindeutet. Als Johann Paul 1818 starb, verkaufte seine Witwe den Besitz an den Kaufmann Heinrich Ludewig Schultze, der es wiederum der preußischen Krone verkaufte. Das Anwesen wurde seit 1845 vom königlichen Hofjagdamt verwaltet und gehörte zum nahen Jagdschloss Grunewald. Nach Abbruch der baufälligen alten Gebäude wurde das heutige Lokal 1905 von Friedrich Wilhelm Göhre errichtet. Die feuchte Wiese gestaltete man zum Kaffeegarten um. Das Restaurant ist heute im Eigentum der Forstverwaltung.

Das Jagdschloss Grunewald stammt aus dem 16. Jahrhundert. Es ist damit einer der wenigen erhaltenen Renaissancebauten und der älteste erhaltene Schlossbau in Berlin. Bauherr war der brandenburgische Kurfürst Joachim II., dessen Regentschaft sich durch eine Anhäufung von Schulden und durch eine zeitweise bizarre Lebens- und Amtsführung auszeichnete. Der Grundstein für das Gebäude, das nach Plänen von Caspar Theyß entstand, wurde am 7. März 1542 gelegt. Als Zugangsstraße entstand zeitgleich ein Teil des Kurfürstendamms. Das Material für den Neubau wurde wahrscheinlich über einen eigens angelegten Wassergraben transportiert, der das Gebäude dann auch bis 1709 umgab. Das Haus erhielt den Namen »Zum grünen Walde«. Die Inschrift »V• Z• GRVENEN• WALD•GENENT •« (d. h.: und zum Grünen Wald genannt) über dem Haupteingang ist noch heute zu sehen. Später wurde die Bezeichnung auf das gesamte Waldgelände übertragen, das zunächst noch Teltower Heide, Spandauer Heide oder Spandauer Forst hieß. Seit 1903 ist der Name »Grunewald« amtlich.

Einem schauerlichen Gerücht zufolge soll die Geliebte Joachims II., Anna Sydow, im südlichen Flügel des Schlosses in einem Treppenaufgang lebendig eingemauert worden sein. Es heißt, ihre Seele irre nachts als weiße Gestalt über den Grunewaldsee. Die Realität ist profaner: Nach dem Tod Joachims II. 1571 ließ sein Sohn Johann Georg die Sydow »lebendig einmauern«, indem er sie in der Spandauer Zitadelle einsperren ließ, wo sie 1575 starb.

Das Haus wurde mehrfach umgebaut und erweitert. Der Grunewald war bis 1904 Jagdgebiet der herrschenden Hohenzollern. Friedrich II. und seine Nachfolger hatten jedoch kein Interesse an der Pirsch. Erst 1828 wurden die Hetzjagden auf dem Gelände wieder aufgenommen, an der über 200 Reiter teilnahmen. Durch das Massengemetzel gab es bald so wenige Tiere im Grunewald, dass man sie zuvor zu Hunderten

*Das Jagdschloss Grunewald (21.4.2016)*

in den Wald schaffen musste, damit die höfische Gesellschaft etwas zum »Abballern« hatte. Um die Tiere an der Flucht zu hindern, hatte man das Jagdgebiet mit einem Wildgatter umgeben. Durch Tore wie etwa am Platz am Wilden Eber oder an der Königin-Luise-Straße/Gelfertstraße hatte man Zutritt zum Wald. Das Wildgatter und die Tore wurden 1905 teilweise abgebaut. Auch auf der Dahlemer Feldmark fanden Treibjagden statt, die mit der Parzellierung des Geländes 1902 eingestellt werden mussten.

Aber es wurde nicht nur gejagt: Alte Briefe berichten von einer »freizügige Party«, bei der 15 Mitglieder der Hofgesellschaft nach einer Schlittenfahrt im Winter 1891 im Schloss eine Orgie feierten.

Das Schloss ist seit 1932 ein Museum, in dem Gemälde, jagdkundliche und kunstgewerbliche Gegenstände ausgestellt werden. Das Wirtschaftsgebäude beherbergt seit 1973 ein Waldmuseum mit Waldschule der Schutzgemeinschaft Deutscher Wald.

Zwei Jahre vor Baubeginn des Schlosses beschlossen zehn Adlige am 18. April 1539 in Teltow, darunter die Familie von Spiel, am 1. November zum protestantischen Glauben zu konvertieren. Sie bestärkten damit den zögerlichen brandenburgischen Markgrafen Joachim II., ihrem Beispiel zu folgen. Somit hatten auch die Untertanen und die Dorfgeistlichen den neuen Glauben anzunehmen. Priester, die dem nicht folgten wollten, blieb nicht anderes übrig, als zu versuchen, anderswo eine katholische Gemeinde zu übernehmen. In einer Kirchenvisitation von 1541 heißt es u. a. »Dahlem ist eine eigene Pfarre. ... gibt eine jede 3 Scheffel Roggen und 3 Scheffel Hafer, item den Dreißigsten über alle Hufen, das sind 50 zusammen, Küster 2 Metzen von jeder Hufe alle Quartal, 2 Brote jährlich von jedem Wirt, 2 Eier von jeder Hufe, Gottes Haus 2 Morgen Landes, taugen nichts.«[3]

Laut einem Erbteilungsvertrag unter den vier Brüdern von Spiel vom 26. Februar 1577 gab es in Dahlem sieben Bauern und vier Kossäten. Erstmalig sind auch Namen überliefert: Barthelmes, Meißner, Michael Meißner, Michael Peuster, Wenzel Paul, Andres Strabow, Michael Wustrow, Köppen, Jürgen Meißner.

Am 23. Mai 1618 warfen Vertreter der protestantischen Stände die zwei in der Prager Burg anwesenden königlichen Statthalter sowie den Kanzleisekretär aus einem Fenster. Alle drei überlebten, teilweise schwer verletzt. Der als »Prager Fenstersturz« bekannte Hergang führte zu einem Krieg, der 30 Jahre in Europa wütete. Dahlem zählte 1624 noch 72 Einwohner, darunter sechs Bauern und vier Kossäten. 1652 waren bis auf zwei Höfe alle wüst, nur der 33-jährige, im Ort geborene Gürge Paul und ein Kossäte bewohnten als Alteingesessene noch ihren Hof. Die Gutsherrenfamilie von Spiel verlor fast ihr gesamtes Vermögen und verkaufte das Gut am 15. Januar 1655 für 3.300 Taler an Georg Adam von Pfuel. 1671 wurde sein Neffe Cuno Hans v. Willmerstorff[4] (1638–1720) neuer Eigentümer. Er verlegte seinen Familiensitz 1680 von Schmargendorf nach Dahlem. Noch heute hängt sein Wappen und das seiner Frau Elisabeth v. Hake an der Hoffassade des Herrensitzes, das als »Domäne Dahlem« bekannt ist. Er baute das Gutshaus aus dem 15. Jahrhundert so um, wie wir es heute kennen (bis auf den westlichen Anbau von 1914). Zu den älteren Teilen gehört die ehemalige Kapelle mit dem spätgotischen Sterngewölbe. Sie wurde später als Speisekammer und ab 1953 als Sitzungs- und Prüfungszimmer der Veterinärmediziner der Freien Universität genutzt.

Cuno Hans v. Willmerstorff machte sich auch daran, die Höfe neu zu besetzen. Dafür wurden drei Wilmersdorfer Bauern zwangsweise nach Dahlem umgesiedelt.

## Die St. Annen-Kirche

Der Gutsherr v. Wilmerstorff ließ auch die Dorfkirche St. Annen 1670/80 wieder herrichten. Nachdem plündernde Kroaten das Gotteshaus 1620 in Brand gesteckt hatten, blieb es mehr als ein halbes Jahrhundert eine Ruine. In diesem Zusammenhang entstanden eine Empore und die heute noch genutzte Kanzel. Er, seine Frau und sein Sohn Georg Friedrich sind auch in der Kirche beigesetzt worden. Leider wurden bei den Umbauten die mittelalterlichen Wandmalerien übertüncht und erst 1893 von Studierenden der Baukunst bei einer Bauaufnahme zufällig wiederentdeckt.

Die Malereien zeigen nach Angaben des Teltower Kreisblattes vom 28. Dezember 1894 »folgende Darstellungen:

1. An der Nordwand von Westen beginnend:

a) Ein breites Feld auf grünem Grunde, zerschnitten durch den Strebepfeiler. Ursprünglich drei lebensgroße Gestalten von Heiligen, unter denen besonders eine sitzende Frauengestalt von edler Haltung mit Krone und Nimbus gut erhalten ist. Farbspuren zu ihren Füßen, die auf den ersten Blick wie ein Rad aussehen, dürfen nicht auf die heilige Katharina gedeutet werden. Es sind die Reste eines viel späteren Weihekreuzes, das in derselben Weise neun Mal in der Kirche, auch auf den spätgothischen Strebepfeilern, sichtbar ist.

b) Auf einem rothen Felde Maria und Christus mit der Weltkugel, auf breitem, gemeinschaftlichen Thronsessel sitzend, beide gegen ein viereckiges Rückenkissen gelehnt.

c) Auf einem rothen Felde die heilige Anna, auf dem rechten Arm das Christkind, auf dem linken Arm die heilige Maria als etwa achtjähriges Kind haltend.

Diese Darstellung findet sich im späten Mittelalter häufig und vielgestaltig. Die letztere ist großentheils durch die eingebaute Kanzel überdeckt. Zu den Füßen der heiligen Anna kniet eine weibliche Gestalt, in deren Kleidung besonders das den Hals verhüllende Riesentuch auffällt. Im Hintergrunde sind unter anderen Gegenständen drei Paar Krücken aufgehängt, wohl Weihgaben zum Gedächtniß an wunderthätige Heilungen von Lahmen.

2. An der Südwand, von Westen beginnend: Christus mit der Dornenkrone und dem Kreuznimbus. Sodann, durch das breite gothische

*Wandmalereien an der Nordseite der St. Annen-Kirche (13.5.2016)*

Fenster zerschnitten, die Farbspuren einer lebensgroßen Gestalt, die wahrscheinlich Christus bedeutet.

3. Auf der Empore: drei Halbfiguren, unter denen namentlich die Gestalt eines Königs mit dem Reichsapfel und dem Scepter, ferner die Gestalt eines Bischofs mit der Mitra und dem Bischofsstab deutlich erkennbar sind.«[5]

Die St. Annen-Kirche spielte schon einige Jahrzehnte vor der Entdeckung der Malereien eine wichtige Rolle. Zwischen 1832 und 1835 begann man mit der Einrichtung einer optisch-mechanischen Telegrafenlinie Berlin–Koblenz. Sie nahm ihren Anfang von der Sternwarte in der Dorotheenstraße, die zweite Station war der Turm der Dahlemer Dorfkirche. Hier entstand ein hölzernes Podest mit Räumen für die Techniker. Über den Schäferberg und den Potsdamer Telegrafenberg führte die Linie über 57 weitere Stationen zur Feste Ehrenbreitstein. Diesem Umstand wurde 1983 mit einer 80-Pfennig-Briefmarke gedacht. Mit der Einführung der elektromagnetischen Telegrafie wurde die Anlage 1849 stillgelegt und 1852 wieder abgebaut.

Am 26. August 1849 heiratete der Universalgelehrte, Physiologie- und Physik-Professor Hermann Helmhotz, Fräulein Olga von Velten, die Schwester der Frau des Domänenpächters Dr. Puhlmann. Daher fand die Trauung in der Dahlemer Dorfkirche statt. Doch Olga starb bereits 1859 in Königsberg an Tuberkulose. Die Kinder Kaethe und Richard Helmholtz wurden zu den Verwandten nach Dahlem geschickt. Kaethe heiratete 1872 den Geologen Dr. Branco, starb aber nach einer Italienreise am 25. April 1877 im Alter von nur 26 Jahren. Sie wurde drei Tage später rechts neben dem Süd-Eingang der St.-Annen-Kirche bestattet. Auf dem Grabstein steht ein Gedicht, das mit der Zeile »Wer hat euch Wandervögeln …« beginnt. Diese Inschrift gilt als namensgebend für den im benachbarten Steglitz 1901 gegründeten Ausschuss für Schülerfahrten, die Wandervögel. Das Grab wurde 1951 eingeebnet, der Stein kam zunächst auf das Grab des Vaters in Wannsee, Lindenstraße. Seit 1955 steht er wieder auf dem Dahlemer Friedhof, rechts vom Eingang an der Feldsteinmauer, nur wenige Schritte vom ursprünglichen Grab entfernt.

Dahlem bekam zum Beginn des 18. Jahrhunderts auch einen neuen Seelsorger. Der Wilmersdorfer Pfarrer Gottfried Gerlach (Amtszeit 1665–1713) war, wie alle seine Vorgänger, auch für Lützow (später Charlottenburg) zuständig. Am 24. September 1708 reichte er ein Gesuch ein, ihn von den Pflichten in Lützow zu entbinden. Diesem Wunsch wurde zwar entsprochen, doch nun kamen Schmargendorf und Dahlem für genau zwei Jahrhunderte (also bis 1908) als Filialen neu hinzu. Das war auch notwendig, denn von einer Dorf-Pfarrstelle konnte kein Geistlicher leben oder gar eine Familie ernähren. Die Pfarrer wurden pro Amtshandlung bezahlt. So brachte ihm eine Kindstaufe im 18. Jahrhundert zehn Pfennige. Das an den Pfarrer zu entrichtende Getreide-Deputat wurde in Wilmersdorf erst 1833 in einen Geldbetrag umgewandelt.

# DAS 19. JAHRHUNDERT

Cuno Hans v. Willmerstorff ließ 1709 einen Eiskeller auf der Dorfaue anlegen, der heute noch vorhanden ist. Im Winter schlug man Eisblöcke aus dem zugefrorenen Grunewaldsee und lagerte sie hier gut isoliert, um Kühlungsmöglichkeiten im Sommer zu haben. Nach Urkunden von 1707 wurde auch Wein angebaut, was im Raum Berlin damals nicht ungewöhnlich war. Während des Siebenjährigen Krieges (1756–63) plünderten russische und österreichische Truppen die in Dahlem aufbewahrte Kirchentruhe Schmargendorfs mit über 72 Talern.

Cunos Enkel, Leopold Heinrich v. Willmerstorff, musste Dahlem und Schmargendorf aus wirtschaftlichen Gründen verkaufen. Mit seinem Tod am 8. März 1802 war das Adelsgeschlecht ausgestorben.

Beide Dörfer hatte ihm der Graf Friedrich Heinrich von Podewils schon am 16. Juli 1799 für 60.000 Reichstaler abgekauft. Er hatte nun große Pläne: Die zwei Bauern und drei Kossäten in Dahlem wurden 1803 nach Schmargendorf umgesiedelt. Die betroffenen Landwirte waren wohl einverstanden, denn sie bekamen im Nachbardorf nagelneue Häuser und Gartenland geschenkt und mussten dem Gutsherrn weniger Dienste leisten. Die Schmargendorfer Bauern mussten auch nichts abgeben, denn das Ackerland für die Zuzügler rekrutierte sich aus dem Land eines unbesetzten Hofes, den gutsherrlichen Ritterhufen und dem Pfarrland. Alle dürften zufrieden gewesen sein. So wurde aus Dahlem ein reines Gutsdorf und aus Schmargendorf ein reines Bauerndorf.

Für diese Aufteilung wurden in drei Jahren 71 Schriftstücke verfasst. Diese »Commissions-Akten betreffend die Aufhebung der Gemeinheit zu Dahlem und Schmargendorff«[6] liegen heute noch im Preußischen Staatsarchiv – sinnigerweise in Dahlem.[7]

Kaum war die Umsiedlung abgeschlossen, starb von Podewils 58-jährig am 28. Mai 1804. Beide Dörfer erwarb nun der Kabinettsrat Carl Friedrich von Beyme für 80.000 Reichstaler. Er hatte schon 1801

*Heinrich Graf von Podewils 1741*

*Carl Friedrich von Beyme als Kabinettsrat (1800); Zeichnung von Johann Gottfried Schadow*

das angrenzende Steglitz gekauft und sich dort ein neues Gutshaus errichten lassen. Während der Befreiungskriege gegen die napoleonische Vorherrschaft quartierten sich 1813 französische Soldaten in Dahlem ein. Vom Turm der Dorfkirche warfen sie die Akten des Ortsarchivs hinunter, das dort aufbewahrte wurde. Wind und Regen vernichtete die wertvollen Schriftstücke vollständig.

Beyme starb am 8. Dezember 1838 in Berlin[8] und wurde am 13. Dezember neben seiner Gattin in der St. Annen-Kirche beigesetzt. In der Nacht vom 7. auf den 8. März 1878 brachen Grabräuber seinen Sarg auf und durchwühlten ihn. Im August 1894 ließ der Enkel die sterblichen Überreste auf den Familiensitz nach Trienke (Parsow im Kreis Köslin) überführen. Die Gräber sind nicht erhalten.

Beymes Tochter verkaufte den gesamten Besitz am 20. Juni 1841 für 220.000 Taler an den Domänenfiskus, der den Schmargendorfer und Steglitzer Bauern ihre Höfe zu freiem Eigentum überließ. Aus dem Dahlemer Gut entstand ein königliches Staatsgut, eine Domäne, die ab 1846 verpachtet wurde.

## Die königliche Domäne

Für genau 60 Jahre (20. Juni 1841–1. Juli 1901) war Dahlem nur ein landwirtschaftlicher Großbetrieb. Erster Pächter war Dr. Emil Puhlmann, der das Gut Dahlem (und bis 1848 auch Steglitz) am 1. Juli 1846 übernahm. Missernten, Tierseuchen und Truppeneinquartierungen 1848–51 ruinierten ihn.

1852 übernahm Reinhold Johannes den Betrieb mit vielen Schweinen und Hühnern, 24 Pferden, 65 Rindern und 1.350 Schafen. Dr. Puhlmann starb ein Jahr später. Man erzählt, er habe Selbstmord begangen, weil er den Ruin nicht verwinden konnte und sich seine junge Frau Betty mehr für den neuen erfolgreichen Pächter interessierte, den sie am 9. November 1854 auch heiratete. Puhlmanns Grab auf dem St. Annen-Kirchhof ist nicht erhalten.

Aber wie sah es damals in Dahlem eigentlich aus? 1856 lebten hier lediglich 174 Einwohner in zwölf Wohnhäusern. Das benachbarte Steglitz zählte zu dieser Zeit immerhin bereits über 600 Seelen. 1858/59 wohnten in Dahlem die Familie des Domänenpächters, 16 Knechte und Mägde, 35 Tagelöhner, vier Arbeiter, drei Bediente, ein Schmied, ein Schankwirt und drei Arme – mit Familienangehörigen waren das 165 Einwohner. Außerdem zählte man 31 Pferde, 54 Rinder und 1.100 Schafe. Während die Vororte rings um Berlin wuchsen, schrumpfte die Bevölkerung von Dahlem zwischenzeitlich sogar noch: 153 Einwohner 1862, 137 Einwohner 1867, 128 Einwohner 1870 und zwei Jahre später waren es nur noch 105 Einwohner (Stand: 1. Dezember 1871).

Vielleicht hing diese Entwicklung mit der fortschreitenden Technisierung in der Landwirtschaft zusammen, die weniger Arbeitskräfte erforderte. Die Zahl von 153 Einwohnern wurde erst wieder laut der Volkszählung im Kreise Teltow vom 2. Dezember 1895 erreicht: 79 Männer und 74 Frauen in 13 Wohnhäusern. Rund zwölf Bewohner pro Haus relativieren romantisierende Vorstellungen vom Leben auf einem Gut Ende des 19. Jahrhunderts.

Unter den 14 Wirtschaftsgebäuden befand sich auch eine Brennerei. Sogar der Name des herrschaftlichen Brennerknechts zum Dahlem ist überliefert: Johann Conrad Adolph Marschal. Der Schmiedemeister in den 1870/80er-Jahren hieß Ferdinand Eichelkraut, dessen Ehefrau Wilhelmine 1891 starb.

*Die Wirtschaftsgebäude (links) und Wohnhäuser der Gutsarbeiter liegen noch heute südlich der Dorfaue (13.5.2016)*

## Feuer, Feuer!

Wegen der damals meist verwendeten Baumaterialien – Holz und Stroh – gab es in den Dörfern häufig Brände. So brannte am 22. Mai 1865 das Kruggrundstück nieder. Am 29. September 1867 setzte gegen 15 Uhr ein vier Jahre alter Junge beim Zündeln die Ställe der Tagelöhner Preuß und Balz in Brand. Am Sonnand, den 15. November 1873 brach nach 18 Uhr ein Großfeuer auf dem Gutshof aus. Zwei Schafställe, der Hammelstall, eine Scheune, das Schäfer- und Tagelöhnerhaus brannten vollständig nieder. Das Vieh und die Spiritusbrennerei konnten gerettet werden.

Schwere Brandwunden erlitten Arbeiter am 20. Mai 1885 beim Feuer in einer Strohmiete, in der sie schlafen mussten. Ein Arbeiter erlag später seinen Verletzungen. Im Oktober gab es einen Prozess vor dem Schwurgericht gegen Verdächtige wegen Brandstiftung.

Das Armen- und Tagelöhnerhaus der Domäne neben der Kirche brannte am Sonnabend, den 2. Januar 1892[9] zwischen 22 und 23 Uhr ab.

Eine Familie konnte sich retten, aber die mühsam angesparte Summe von 300 Mark schien verloren. Bei den Aufräumungsarbeiten fand sich ein Silberklumpen, zu dem die Münzen in der Hitze zusammengeschmolzen waren.

Am 15. April 1893 brannte ein Arbeiterhaus nahe der Dorfkirche samt Stall mit Tieren durch spielende Kinder ab.

Am 10. August 1904 brach gegen 22:45 Uhr ein Feuer auf dem Gutshof aus, dem drei Scheunen an der Westseite zum Opfer fielen. Sie waren bis unters Dach mit Getreide und Stroh gefüllt. In der Annahme, dass ein auf dem Hof herumstehender Tonnenwagen mit Wasser gefüllt sei, schloss man hektisch die Spritze an, pumpte und hielt auf die Flammen. Durch den sich plötzlich verbreitenden bestialischen Gestank dämmerte den Hilfskräften allmählich, dass sie gerade mit Jauche gelöscht hatten … Die abgebrannten Scheunen wurden ein Jahr später wieder aufgebaut.

Das Gebäude der Feuerwehr auf dem Hofgelände der Domäne wurde 1952 abgebrochen.

## Die Mühle

1860 umfasste der Gutshof 14 Wirtschaftsgebäude, darunter eine Brennerei und eine Getreidemühle. Eine Mühle hatte Cuno Hans von Willmerstorf bereits 1694 etwa 600 Meter nördlich vom Dorf auf dem damaligen Mühlenberg errichten lassen. Bis dahin musste das Korn in Berlin gemahlen werden (Mühlendamm). 1847 wurde die Mühle durch ein Unwetter zerstört. Im gleichen Jahr entstand etwa 150 Meter hinter dem späteren Postgebäude an der Königin-Luise-Straße für den Müller Mertens eine neue Mühle. Deren letzter Besitzer war seit 1875 Carl Schilling, der 1891 in Dahlem auch eine eigene Bäckerei übernahm. Ein orkanartiger Sturm hob sie in der Nacht zum Sonnabend, den 27. Juli 1895 vom Bock, schleuderte sie auf die Erde und verwandelte sie in einen wüsten Trümmerhaufen, »aus dem mannshohe Balken, eiserne Träger, zerstörtes Räderwerk hervorrag(t)en. Der in der Mühle nächtigende Müllerknappe war vom Sturm aufgeweckt worden und rettete sich noch rechtzeitig.«[10]

Die Mühle wurde wieder aufgebaut, doch als Schilling seinen Mühlendienst aufgab und sich kein neuer Pächter fand, kaufte die königli-

*Mühle und Café Schilling*

che Kommission zur Aufteilung der Domäne Dahlem die Mühle 1903 und ließ sie – vermutlich 1905 – zum Abriss versteigern.

## Die letzten 20 Jahre

Als Reinhold Johannes am 8. Februar 1879 an einem Gehirnschlag starb, übernahm sein Stiefsohn Axel Puhlmann das Gut. Der Viehbestand war nach einer Zählung am 1. Mai 1880 recht übersichtlich: 29 Pferde, 36 Rinder, sechs Schweine, aber immerhin noch 400 Schafe. Die Schafe verkaufte Puhlmann bis auf 14 Stück, um seine Schulden bezahlen zu können. Das hätte er gar nicht gedurft, denn als Pächter gehörten ihm die Tiere nicht. Auch die Brennerei musste ihren Betrieb einstellen, weil er alle Kartoffeln verkauft hatte. Es nutzte eh nichts – Puhlmann ging 1883 in Konkurs, weil er die Pacht nicht mehr aufbringen konnte. Die »Königliche Regierung, Abteilung für directe Steuern, Domänen und Forsten« stellte die Domäne unter Zwangsverwaltung und setzte den Landwirt Carl Blaurock vorläufig als Verwalter ein. Im Juni desselben Jahres wurde das lebende und tote Inventar gepfändet und versteigert.

Am 30. Juni 1883 war auf im Teltower Kreisblatt zu lesen: »Sämmtlichen After-Pächtern resp. Miethern der Kgl. Domaine Dahlem werden hiermit ihre Verträge für den 1. Octob. d. J. gekündigt. Dahlem, den 27. Juni 1883. Der Domainen-Pächter. Adolph Kirchner.«[11]

Der Landwirt Kirchner war seit dem 1. Juli 1883 neuer Pächter. Und er sollte auch der Letzte sein. Der Vertrag lief bis zum 30. Juni 1901, allerdings mit der Optionen des Staates, Gelände für öffentliche Zwecke abzutrennen.

Kirchner setzte einen neuen Schwerpunkt auf die Erzeugung von Milch im großen Maßstab, weil es mit dem nahen Berlin, das ständig größer wurde, einen guten Absatzmarkt gab. Außerdem setzte er für die Bodenbearbeitung einen neuartigen Dampfpflug[12] ein, mit dem man den Acker bis zu 45 Zentimeter tief umbrechen konnte. Auch das Gelände des zukünftigen Botanischen Gartens wurde 1897 mit einem solchen Dampfpflug umgegraben.

Kirchner starb am 13. Oktober 1892 im Alter von 54 Jahren an einem »Gehirnleiden« und wurde vier Tage später in Dahlem beigesetzt. Die Grabstelle liegt gleich am Eingang und ist durch ein Gitter eingefasst. Seine Gattin Ottilie (4. April 1833 in Berlin – 12. November 1929) und ihr Sohn Erich führten den Pachtvertrag weiter. Sie beantragten, ein Drittel des Geländes an den »Verein für Hindernisrennen« zu verpachten. Das Gelände am Spandauer Damm stand für diese Pferderennen nicht mehr zur Verfügung. Die zuständigen Ministerien lehnten das Ansinnen ab, weil sie für die rund 500 Hektar große Domäne (Staatsgut) eigene Pläne hatten.

## Große Pläne

Eigentlich wollte der Hamburger Projektentwickler Johann Anton Wilhelm Carstenn die Domäne Dahlem schon 1872 aufkaufen, um sie – wie seine Besitzungen in Lichterfelde und Wilmersdorf – zu parzellieren und für die Bebauung zu erschließen. Da am 15. Dezember 1872 gleich hinter der Grenze zu Lichterfelde der Bahnhof Lichterfelde West eröffnet worden war, hätte das neue Wohngebiet auch einen guten Verkehrsanschluss gehabt.

Aber der preußische Finanzminster Otto Camphausen lehnte dieses Ersuchen ab, weil er zukünftig auf eine Wertsteigerung des Geländes und so höhere Erlöse hoffte. Und das aus gutem Grund: Als er das Amt 1869 übernahm, wies der Staatshaushalt ein Defizit von fünf Millionen Talern auf.

Apropos preußische Finanzminister: An die Amtsinhaber Karl Hermann Bitter (1879–82), Johannes von Miquel (1890–1901), Georg von Rheinbaben (1901–10) und August Lentze (1910–17) erinnern heute Straßennamen in Dahlem.

Schon 1874 hatte die Königliche Regierung zu Potsdam der Anlage eines ca. 450 Morgen großen Rieselfeldes zwischen Dahlem und Schmargendorf zugestimmt. Die Empörung in den umliegenden Dörfern war groß, weil der vorherrschende Westwind den Fäkaliengeruch in die aufstrebenden Vororte Berlins getragen hätte. Auch Prinz Friedrich Karl, Besitzer des Rittergutes Düppel, war dagegen. Der Plan wurde bekanntlich nicht umgesetzt. Auch die Absicht, einen Exerzierplatz für die Gardeschützen anzulegen, wurde nicht verwirklicht. 1884 war im nahen Lichterfelde für diese Einheit ein Kasernen-Neubau eröffnet worden. Aber zumindest die Schießstände des Garde-Schützen-Bataillons zur linken Seite des Weges Dahlem–Jagdschloss im Jagen 5 wurden um die Jahreswende 1884/85 gebaut. Als Kugelfang musste ein Schutzwall aufgeschüttet werden. Bei den Arbeitern waren auch viele Gastarbeiter aus Polen beschäftigt. Mitglieder »des Garde-Schützen-Bataillons Reserve-Jäger-Bataillons 16 und der Garde Maschinengewehr-Abteilung 2« errichteten für ihre gefallenen Kameraden am 18. August 1923 auf dem Gelände einen Gedenkstein. Er steht noch heute etwas versteckt an der Ecke der Zufahrt zum Waldparkplatz gegenüber der Königin-Luise-Straße an der Clayallee. Später war mal ein großer Zentralfriedhof in Dahlem geplant, mal sollte das Gelände für den fünfgeschossigen Mietskasernenbau freigegeben werden.

Schließlich kamen um 1892/93 die Ideen in die Diskussion, den Botanischen Garten vom Kleistpark, die Sternwarte aus Kreuzberg und die Charité von der Friedrich-Wilhelm-Stadt nach Dahlem zu verlegen. Die Charité blieb bekanntlich, wo sie war. Die Sternwarte kam nach Babelsberg, lediglich das Astronomische Rechen-Institut wurde ausgegliedert und bezog am 23. April 1912 einen Institus-Neubau in der Altensteinstraße 40. Nur die Verlegung des Botanischen Gartens wurde umgesetzt. Man entschied sich für ein 43 Hektar großes Gelände

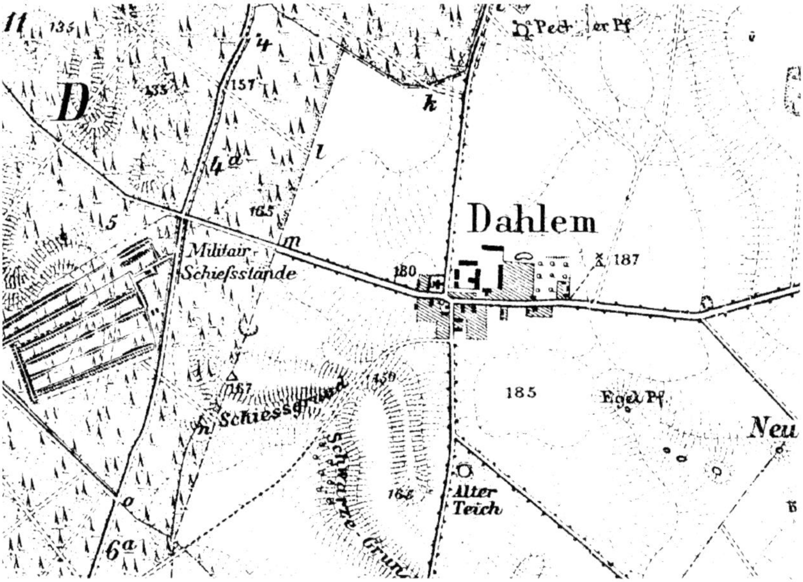

*Dahlem um 1890, links die Schießstände der Gardeschützen*

an der Straße Unter den Eichen. Es ist fast so groß wie 60 Fußballfelder, lag allerdings zu zwei Dritteln in Lichterfelde und nur zu einem Drittel in Dahlem.

Im Zuge der Gebietsreform 1938 wurde die Verwaltungsgrenze zur Altensteinstraße verschoben (s. S. 70). Seither liegt der Garten vollständig in Lichterfelde. Die Modellierungsarbeiten wurden 1898 ausgeführt, die Pflanzungen begannen 1899. Am Ostermontag, den 13. April 1903 ließ man zum ersten Mal Besucher in die Anlagen. Es kamen rund 2.500 Interessierte.

## Die Aufteilung der Domäne

Während der Botanische Garten Gestalt annahm, hatte sich der Fiskus entschieden, das Domänenland nicht neu zu verpachten, sondern in eigene Verwaltung zu übernehmen. Man plante eine Villenkolonie, reservierte aber auch Flächen für wissenschaftliche und kulturelle Institutionen des Staates.

Der Pachtvertrag lief am 20. Juni 1901 aus. Bereits am 25. März 1901 war das »Gesetz zur Aufteilung des Domänengeländes« in Kraft getreten. Es wurde eine fünfköpfige »Königliche Kommission zur Aufteilung der Domäne Dahlem« eingerichtet, die für die Aufteilung und den Verkauf zuständig war. Die Mitglieder ernannte das Finanzministerium und das Ministerium für Landwirtschaft, Domänen und Forsten. Die seit 1919 staatliche Kommission wurde 1933 im Rahmen von Verwaltungsreformen aufgelöst.

Ab dem 1. Juli 1901 bekam Dahlem einen Ortsvorsteher in Person des Oberregierungsrates Dr. Eberhard Ramm vom Landwirtschaftsministerium. Gleichzeitig wurde Rudolf Zarnack († 26. Juli 1925) mit der Weiterbewirtschaftung des Gutes beauftragt. Das war leichter gesagt als getan, schmolzen doch die notwendigen Flächen in den folgenden Jahren immer mehr zusammen. Doch noch 1904 stand der Roggen auf 170 Morgen, außerdem wurden Hafer und Gerste geerntet. Bis nach Lichterfelde, in der Gegend der Fabeckstraße, dehnten sich Kartoffelfelder.

Den Vorsitz der Aufteilungskommission hatte der Ministerialdirektor im preußischen Landwirtschaftsministerium und Landwirtschaftswissenschaftler Prof. Hugo Thiel (1839–1918) von 1901 bis 1911. Sein Nachfolger war Franz Brümmer (1859–1930), der das Amt bis 1919 innehatte. Die beiden Persönlichkeiten sind Namensgeber der Thielallee, des Thielparks, des Thielplatzes und der kreuzenden Brümmerstraße.

## Das Straßennetz

Die Thielallee, die durch den Bau der U-Bahn etwas verschwenkt werden musste, ist die alte Landstraße nach Schönow und Teltow. Die nördliche Verlängerung, die Pacelliallee, führte nach Schmargendorf. Die Umgestaltung der alten Landstraße zur großzügigen Allee war 1907 fertig. Über den Straßenzug Königin-Luise-Straße/Grunewaldstraße kam man im Westen zum Jagdschloss Grunewald und im Osten nach Steglitz. Die lehmige Landstraße, die 1872 gepflastert wurde, war früher mit Pappeln bepflanzt, die in den 1860er-Jahren alle nach und nach gefällt wurden. Die Verbindung nach Lichterfelde ist der heutige Straßenzug Fabeckstraße/Tietzenweg.

Von diesen Voraussetzungen ausgehend entwarf der Architekt Walter Kyllmann (1837–1913) ein Straßennetz im Schachbrettmuster mit acht bis neun Schmuckplätzen und Platz für fünf Kirchen. Der Plan berücksichtigte zwar die Verbindungen zur Kolonie Grunewald im Norden und Lichterfelde im Süden, aber keine morphologischen Gegebenheiten.

1903 begann die englische Gasgesellschaft damit, Gasglühlicht-Laternen in den Straßen aufzustellen. Als große Achse Richtung Roseneck entstand 1903 der Straßenzug Podbielski-/Rheinbabenallee mit einem breiten Mittelstreifen als Reitweg. Auch die Lentze-, Schorlemer-, Thiel- und Pacelliallee erhielten in der Mitte Reitwege, die als begrünte Mittelstreifen noch heute existieren.

Nach Kyllmanns Tod überarbeiteten der Architekt Heinrich Schweitzer (1871–1953) und der Städtebauer Hermann Jansen (1869–1945) den Bebauungsplan. Änderungen waren wegen des U-Bahnbaus notwendig geworden. Außerdem sollte mit geschwungenen Straßentrassen mehr Rücksicht auf die topografischen Gegebenheiten des Geländes genommen und entlang der Rinnen und Teiche mehr Grünanlagen geschaffen werden.

## Von Architekten und Bauherren

Als erste Straße entstand ab August 1901 die Altensteinstraße. Hier erwarb der Kunstmaler Hans Koberstein (geb. 1864) am 21. Dezember 1901 die erste Parzelle. Das Grundstück Nr. 17 (heute Nr. 15a) war 0,21 Hektar groß und kostete 26.600 Mark. Die Villa, die er sich errichten ließ, ist nicht erhalten.

Bis Ende 1901 wurden zehn weitere Grundstücke verkauft. Bestandteil des Vertrages war die Bestimmung, dass der Erwerber innerhalb von zwei Jahren ein villenähnliches Landhaus errichten musste. Damit sollten Grundstücksspekulationen mit brachliegenden, verwilderten Parzellen in einer gehobenen Wohngegend verhindert werden. Für jedes Jahr Bauverzug waren 1.000 Mark Strafe zu zahlen.

Zu den ältesten noch erhaltenen Bauten gehört das Haus des Geologen Emil Deckert. Es entstand 1904 in der Liebensteinstraße 4 nach Plänen von Ludwig Otte. Die Eckloggia am Treppenhaus, der turmartige Vorsprung und die abwechslungsreiche Fassade mit Ziegel- und

*Die Villa Deckert in der Liebensteinstraße 4 (Bj. 1904)*

Putzflächen, auf denen sich Weltkugel und Sternenhimmel zeigen, sind außergewöhnliche Merkmale des Baudenkmals.

Bis 1905 waren 51[13] Neubauten errichtet worden, bis 1910 weitere 123. Zu den ältesten Wohnhäusern, die noch erhalten sind, gehören Ehrenbergstraße 29 (1907; Architekt Stahn), Bernadottestraße 68 (1907; Vohl) und Pacelliallee 27 (1909; Schweitzer). Zu den frühen Neubauten an der Podbielskiallee zählen die Nr. 81 (1906; Fürstenau) und Nr. 61 (1908; Knopf). Im Haus Podbielskiallee 65 (1909; Berlich) richtete der Iran im Jahr 2000 seine Botschaft ein. Am 16. Februar 2005 eröffnete das Land daneben einen dreigeschossigen Neubau. Das Dach ist mit einer Glaskuppel gekrönt, unter der sich ein Konferenzsaal und das Büro des Botschafters befinden.

1914/15 waren es insgesamt 384 neue Gebäude auf 539 verkauften Parzellen. Die Diskrepanz von 155 vermeintlich unbebauten Parzellen erklärt sich teilweise damit, dass vermögende Käufer mehrere zusammenhängende Grundstücke erwarben, darauf aber nur ein Gebäude errichteten. Die Größe der verkauften Parzellen lag zwar in der Regel bei 1.000 bis 2.000 Quadratmetern, aber das Grundstück Im Dol 48

*Der Neubau der Botschaft der Islamischen Republik Iran (18.2.2005)*

von Dr. Robert von Simson umfasste allein schon 4.800 Quadratmeter. Das Haus wurde 2001 zur Residenz des marokkanischen Botschafters umgebaut. Andere Grundstücke wurden im Laufe der Jahrzehnte geteilt. So trennte man beispielsweise 1949 vom 4.500 Quadratmeter großen Grundstück Podbielskiallee 34 (heute Residenz des dänischen Botschafters) die rückwärtigen 1.200 Quadratmeter ab. Es ist heute das Grundstück Schweinfurthstraße 31/33. Allerdings kam es vereinzelt auch durch Zukauf zur Vergrößerung der Grundstücke, wie z. B. beim Landhaus Ahrends in der Miquelstraße 66/72 auf 5.500 Quadratmeter.

Die durchschnittlichen Quadratmeterpreise, die 1901 noch bei 17,14 Mark lagen, hatten sich bis 1915 verdoppelt. Im gleichen Zeitraum stieg die Zahl der Einwohner von 194 auf 5.500 (31. Juli 1914).

Wer waren diese ersten Bewohner Dahlems? Je eine große Gruppe bildeten Künstler (Architekten, Bildhauer, Maler), Wissenschaftler (s. Kaiser-Wilhelm-Gesellschaft), Kaufleute, Fabrikanten und Bankiers sowie vermögende Pensionäre. Zu den hochherrschaftlichen Haushalten gehörten oft auch viele »dienstbare Geister«, wie Diener, Chauffeure, Gärtner, Kindermädchen, Wirtschafterinnen usw. Die-

*Habelschwerdter Allee 12 (10.12.2015)*

ses Personal wohnte entweder in Dachstuben, in Souterrains oder in Wirtschaftsgebäuden (Kutscher- oder Gärtnerhaus).

In den Instituten arbeiteten wissenschaftliche Mitarbeiter, Schreibkräfte und Labordiener, die teilweise in Dahlem wohnten. Die größte Gruppe machten aber 1913 mittlere und höhere Beamte aus (267), die sich keine Villa leisten konnten. Für sie entstanden an der Grenze zu Lichterfelde Mietshäuser gehobenen Stils.

Der Architekt und Bauunternehmer Robert Kleinau baute 1905/06 an der Habelschwerdter Allee 12 (bis 1934 Werderstraße) unter Ausnutzung der damaligen Bauordnung eine drei- bis viergeschossige Mietvilla. Dieser Haustyp zeigt nach außen das Bild einer vornehmen Villa, bietet im Innern aber herkömmliche Etagenwohnungen. Kleinau schuf zur Habelschwerdter Allee hin eine Fassade mit einer imitierten Bruchsteinmauer und Arkadenloggia im Sockel, Hufeisenfenster in Jugendstilformen am Mittelbau, darüber ein großes florales Putzornament. Je Etage – auch im Souterrain – gab es zwei Wohnungen mit viereinhalb Zimmern, Bad, Diele, Küche, Loggia und Zentralheizung. Ein Blick ins Adressbuch von 1907 nennt uns die ersten

Bewohner, wobei jeweils nur der Name des Haushaltsvorstandes angegeben ist: Der Hauseigentümer und Rentier Oswald Kahle wohnte in der zweiten Etage. In der ersten Etage hatten der Sekretär-Assistent Otto Hintzpeter und der Kaufmann Otto Hitzer ihre Wohnungen. Im Parterre wohnten der Schlosser J. Kurowski und Baron Adolf v. Röbel (1852–1930). Ohne Angabe der Etage finden sich noch die Namen des Technikers M. Götze und des Kaufmanns W. Wolff. Ähnlich gestaltet ist das Haus Habelschwerdter Allee 14 von 1910.

Nicht weit entfernt hatte der Beamten-Wohnungs-Verein zu Berlin schon eine ganze Miethausgruppe mit L-, U- und quaderförmigen Grundrissen errichtet. Sie entstand in drei Etappen von 1904 bis 1906 zwischen Rudeloffweg, Ladenberg- und Von-Laue-Straße, sowie Unter den Eichen. Die Häuser Unter den Eichen 74–76 fielen allerdings 1971 der Straßenverbreiterung zum Opfer.

Der Architekt Erich Kühn entwarf zwölf Einzel- und Doppelhäuser im englischen Landhausstil mit Walmdächern, Erkern, Treppentürmen, Fachwerk und Fensterläden. Die 133 Genossenschafts-Wohnungen waren 92–125 Quadratmeter groß, hatten drei bis fünf Zimmer sowie ein Badezimmer. Zusätzlich standen Kellerräume und Waschküchen in den Dachgeschossen zur Verfügung. Da die Häuser entlang der Straßen angeordnet waren, bot der Innenbereich des Baublockes Raum für kleine Mietergärten.

Zunächst dominierte aber der Bau von Villen und Landhäusern. Bis zur Eingemeindung nach Berlin im Jahr 1920 entstanden 417 Wohnhäuser.

Das Haus Bernadottestraße 56/58 wurde 1906/07 errichtet. Die Pläne für Haus und Garten stammen von Hermann Muthesius. Beim Bau wurden einige locker verteilte Kiefern erhalten. Er teilte die Rasenflächen durch einen Mittelweg und stellte einen Vogelbrunnen auf. Der Obst- und Gemüsegarten wurde später durch Rasen ersetzt. Das Gebäude wurde zwischen 1973 und 1978 zu einem Mehrfamilienhaus umgebaut.

Muthesius baute in Dahlem zwei weitere Landhäuser, bei denen er auch die Gartengestaltung übernahm: 1913 wurde das Haus für den Getreidehändler Hans Cramer in der Pacelliallee 18 fertig. Es hat eine Wohnfläche von 1.050 Quadratmetern. Die Höhenunterschiede von eineinhalb Metern auf dem 4.000 Quadratmeter großen Grundstück stützte er durch eine Rüdersdorfer Kalksteinmauer, ein Material, das er

*Landhaus Cramer, Pacelliallee 18, Südseite (9.3.2016)*

schon an der Fassade verwendet hatte. Zudem entstanden eine Pergola mit weißem Lattenwerk, eine Blumenterrasse, ein Rosengarten, ein Tennisplatz, eine Spielwiese und ein kleiner Gemüsegarten.

Die Bewohnerin des Hauses beging in den 1950er-Jahren durch eine Gasexplosion Selbstmord. Dem stark beschädigten Gebäude drohte durch den Verfall der Abriss. 1979 stellte man Haus und Garten wieder her. Das Anwesen wird heute von der US-amerikanischen Stanford University genutzt.

Das Landhaus für den Hochfrequenztechniker Hans Bredow wurde 1918 in der Miquelstraße 92 fertiggestellt. Muthesius gestaltete den Garten zusammen mit Willy Lange (1864–1941), seit 1903 Lehrer an der Königlichen Gärtnerlehranstalt in Dahlem. Das Haus hatte Muthesius an die höher gelegene Nordecke gesetzt. Das nach Süden abfallende Grundstück wurde auf drei Seiten von einer hohen Klinkermauer umgeben. Zur Straße hin war nur ein Stabgitterzaun erlaubt. »Sorgfältig aufeinander abgestimmte und bis ins kleinste Detail durchkomponierte Gartenräume, Bauwerke und Materialien bewirken eine enge Verzahnung. Rote Klinker zogen sich von der Fassade bis in die Bodenbeläge im Garten, eine Pergola und ein Gartenhaus (nicht erhalten/C.S.) korrespondierten mit den weiß gestrichenen Holzarbeiten am Landhaus und ließen die Anlage zu einem Gesamtkunstwerk zusammenwachsen.«[14]

Obwohl das Haus im Zweiten Weltkrieg total zerstört wurde, blieb die Gartenanlage weitgehend erhalten. Der Architekt Klaus Müller-Rehm, der Anfang der 1960er-Jahre auf den alten Grundmauern einen Bungalow errichten ließ, beließ die historische Gartenanlage weitgehend. Im Zusammenhang mit dem Abbruch des Bungalows und dem Bau eines Mehrfamilienhauses wurde der Garten 2002/03 denkmalpflegerisch instand gesetzt. Dabei entstand der Holländische Garten in seiner alten Form, saniert wurden auch Brunnen, Terrasse, Wasserbecken, Stützmauern aus Rathenower Klinkern und Treppenanlagen.

Willy Lange hatte schon 1915 den Garten in der Pacelliallee 14 gestaltet. Nach den Plänen von Cremer & Wolffenstein entstand hier 1913/14 eine Villa für den Generaldirektor der Deutschen Bank Emil Georg von Stauß. Den 3.750 Quadratmeter großen Garten mit trapezförmigem Grundriss teilte Lange in fünf Bereiche: Ehrenhof/Vorgarten – Wirtschaftshof – Tennisplatz – Rasenfläche mit Springbrunnen (Nymphen) – schattige Busch- und Baumzone in Randbereichen. Dabei nimmt der klare Gartengrundriss axiale Beziehungen des Hauses auf. In der Zufahrt ist ein ovales Bodenmosaik mit einem Wappen als Schwanmotiv und den Initialen EvS (Bauherr) 1914 und C u. W (Architekten) eingelassen. Der Wintergarten ist mit Muschelwänden ausgekleidet und stellt einen thematischen Bezug zum Nymphen-Brunnen vom Prof. Walter Schott her, der in der Blickachse steht. Die Sohle des Beckens besteht aus Goldmosaiken; die Nymphen umkreisen einen zarten Springstrahl.

In diesem Hause stellte Stauß am 5. Dezember 1931 Hitler dem US-Botschafter Sackett vor. Von 1949 bis 1990 war das Haus Wohnsitz des US-Stadtkommandaten. Mit der neuen Nutzung als Dienstvilla des Außenministers wurde der Garten 1992/93 wieder hergestellt. Seit 2009 ist das Haus erneut in Privatbesitz.

Willy Lange gestaltete auch den Garten des Hauses Peter-Lenné-Straße 7, das 1914/15 für Hans Schwarzkopf errichtet wurde. Der Drogist erfand 1903 ein Pulver-Shampoo für die Haarwäsche. Daraus entwickelte sich ein großes Unternehmen, dessen Markenzeichen der schwarze Scherenschnitt eines Männerkopfes wurde. Lange legte

*Villa von Stauß, Pacelliallee 14/16 (27.2.2016)*

im ursprünglich 6.900 Quadratmeter großen Garten einen künstlichen Wassergraben mit Weiden an. Der Teil an der Koserstraße 17/19 wurde später abgetrennt und mit Mehrfamilienhäusern bebaut. Architekt des Hauses Schwarzkopf war Heinrich Straumer. Sein bekanntestes Bauwerk ist der Berliner Funkturm. Er baute in Dahlem zahlreiche Gebäude, darunter ein imposantes Landhaus für den Industriellen Dr. Enno Walter Huth. Es entstand zwischen 1914 und 1917/19 an der Bitterstraße 8/12. Huth gründete 1909 die Albatros-Flugzeugwerke in Berlin-Johannisthal und war im Ersten Weltkrieg Lieferant von Militärflugzeugen.

»Die ursprüngliche imposante Wirkung des Hauses, das hier bis Mitte der 1920er-Jahre völlig allein stand, ist heute, dicht von kleinmaßstäblichen Wohnhäusern umgeben, … nur noch schwer nachvollziehbar. … Die Anordnung der Bauteile und ihre beachtliche Ausdehnung verliehen der Anlage ihre dominante Wirkung. Eingebettet in Treppen, Terrassen, Nebengebäude und eine ehrenhofartige Auffahrt, die in ihrem Ausmaß Vergleiche zu Schlossbauten zulässt, erhebt sich das Wohnhaus selbst als klar geformter Putzbau mit einem

*Landhaus Huth (26.1.2016)*

abgesetzten Wirtschaftstrakt. Das hohe Satteldach unterstreicht die Geschlossenheit und Einfachheit des Baukörpers, der seine Wirkung vornehmlich aus der großen Baumasse und deren Proportionierung gewinnt. … Im Inneren bildet eine repräsentative holzgetäfelte Diele mit dreiläufiger Treppe den Mittelpunkt des Hauses. Die großzügig bemessenen Gesellschaftsräume im Erdgeschoss waren wie die Privaträume der Familie im Obergeschoss um diesen Kernbereich gruppiert. 1931/32 wurde das Gebäude zu einem Vierfamilienhaus umgebaut«, weil Huth in wirtschaftliche Schwierigkeiten geraten war.[15] Eine der neuen Wohnungen bezog der Schauspieler Willy Fritsch, bevor er in die Griegstraße 27 verzog. Von 1956 bis 1979 nutzten die Veterinäre der Freie Universität das Gebäude. Nach deren Auszug wurden Haus und Garten in Anlehnung an die frühere Gestaltung wieder hergestellt und ab 1981 durch das Institut für vorderasiatische Altertumskunde der FU genutzt. Heute ist das Anwesen wieder in Privatbesitz.

Den auf einer Anhöhe gelegenen Garten gestaltete der Landschaftsarchitekt Ludwig Lesser. Während er vorn eine imposante, herrschaftliche Auffahrt anlegte, entstand hinten ein niveaugleicher Übergang zum Garten, ein Kennzeichen der Landhaus-Idee. An der Südost-Ecke positionierte er einen Nutzgarten mit Obstbäumen. Die durchsichtige Stabgittereinfriedung schuf eine optische Verbindung zum angrenzenden Thielpark.

Zu den Dahlemer Bauten Heinrich Straumers gehören das Pfarrhaus in der Pacelliallee 54, der U-Bahnhof Thielplatz mit nördlichem Stationsgebäude, die Neubauten für die Landwirtschaftliche Hochschule Berlin am Albrecht-Thaer-Weg 1–8 sowie das Verwaltungsgebäude für den Verband der öffentlichen Feuerversicherungsanstalten in der Kaiserswerther Straße 16–18. Nach seinen Plänen entstanden auch das Direktorenwohnhaus in der Goßlerstraße 18 und das Haus Drimborn in der Bernadottestraße 94 (heute Deutsches Zentralinstitut für soziale Fragen). Er entwarf auch Pläne für die Wohnhäuser Auf dem Grat 50, Habelschwerdter Allee 17, Miquelstraße 5, Podbielskiallee 5 und Rheinbabenallee 5/7 (um 1970 abgerissen).

Der Architekt Heinrich Schweitzer baute sich 1911/12 Im Dol 39 sein eigenes Haus, das er mehrfach erweiterte. Aus finanziellen Gründen musste er sein Eckgrundstück teilen. 1932 verkaufte er den größeren Teil mit dem Wohnhaus und ließ sich einen kleineren Neubau im ehemaligen Obstgarten Gadebuscher Weg 5 errichten. In diesem Zusammenhang wurden beide Gärten durch den Gartenarchitekten Heinrich Friedrich Wiepking-Jürgensmann neu gestaltet.

Das Wirken Heinrich Schweitzers ist in Dahlem heute noch an vielen Stellen gegenwärtig. Beteiligt war er an der sogenannten Schülerkolonie Dahlem in der Königin-Luise-Straße, einer Reihenhaussiedlung Am Hirschsprung/Falkenried, an der Gestaltung von Thiel- und Triestpark und des Waldfriedhofs Dahlem (Kapelle 1932). Schweitzer entwarf die Wohnhäuser Messelstraße 1, Pacelliallee 27 und In der Halde 6–8. Er erweiterte die Häuser Im Dol 48, Englerallee 19 und 1914 das Herrenhaus der Domäne Dahlem. Eindrucksvoll ist das Empfangsgebäude des U-Bahnhofes Podbielskiallee, das er einem märkischen Stadttor nachempfunden hat.

Der Architekt Bruno Ahrends, der später an der Weißen Stadt in Reinickendorf beteiligt war, baute 1911/12 für sich ein Landhaus in der Miquelstraße 66/72. Es war später als Wohnsitz für den Bundestagspräsidenten vorgesehen. Da der damalige Parlamentspräsident Wolfgang Thierse hier nicht wohnen wollte, zog die Familie des einstigen Bundespräsidenten Johannes Rau ein. Das Haus wird vom derzeitigen

*Villa Wiegand mit Säulenhalle (27.2.2016)*

Bundestagspräsidenten Norbert Lammert nicht bewohnt, sondern für Termine und Repräsentationsverpflichtungen des Präsidiums genutzt.[16]

Der Archäologe und Direktor der Antikenabteilung der Berliner Museen Theodor Wiegand ließ sich 1911/12 in der Peter-Lenné-Straße 28/30 eine repräsentative Villa errichten. Der Architekt Peter Behrens entwarf ein Haus, dessen Stil sich an der klassischen Antike, am Klassizismus Schinkels und moderner, monumentaler Sachlichkeit orientierte. Bemerkenswert ist die vor den Eingang gestellte Säulenhalle nach hellenistischem Vorbild. Im Erdgeschoss liegen ein großer Gartensaal, ein Speise- und ein Herrenzimmer sowie die Bibliothek. Eindrucksvoll sind das Tafelparkett- und die Mosaikfußböden, sowie die eingebauten archäologischen Fundstücke und Gipsabgüsse. Wiegand starb 1936 an den Spätfolgen einer Malaria. 1957 zog hier die Zentraldirektion des Deutschen Archäologischen Instituts ein.

Obwohl Dahlem 1909 bereits 2.721 Einwohner hatte, zahlreiche Villen und stattliche Gebäude fertiggestellt oder in Planung waren, muss es trotzdem noch sehr ländlich gewesen sein. Eine Viehzählung in diesem Jahr ergab folgende Zahlen (in Klammern davon die zur Domäne gehörigen Tiere): 80 (47) Pferde, 221 (203) Rinder, 17 (–) Schafe, 84 (8) Schweine.

Die Schafzucht scheint die Domäne völlig aufgegeben zu haben. Dabei waren es 1852 noch 1.350 und 1880 nur noch 400 Tiere. Dass sich die Dahlemer rechnerisch 33 Pferde hielten, ist angesichts der geringen Motorisierung noch nachvollziehbar. Aber standen in den hochherrschaftlichen, gepflegten Villengärten Ställe für 18 Rinder und 76 (!) Schweine? Einige Tiere gehörten möglicherweise den Landarbeitern, die bei der Domäne beschäftigt waren. Den Rest hielten sich die Dahlemer indes offensichtlich privat: Wenn schon aufs Land ziehen, dann richtig! Nachweislich wurden Auf dem Grat 24 und in der Gelferstraße 43 zeitweilig Hühner gehalten. Auch Teilflächen als Nutzgärten für den Obst- und Gemüseanbau waren in den Villengärten nicht ungewöhnlich. Selbst namhafte Gartenarchitekten planten sie mit ein: Bernadottestraße 56/58 (Hermann Muthesius), Bitterstraße 8/12 und Auf dem Grat 24 (Ludwig Lesser), Gelfertstraße 43 (Paul Klawun), Im Schwarzen Grund 27 (Prof. Heinrich Friedrich Wiepking-Jürgensmann, Direktor des Dahlemer Instituts für Gartengestaltung) oder Pacelliallee 39 (Prof. Gustav Allinger, Direktor des Instituts für Gartenkunst und Landschaftsgestaltung an der TU Berlin). Die aufwendige Gartengestaltung trug den Eigentümern von neidischen Nachbarn mitunter den Spitznamen »Strebergärtner« ein (analog zu »Schrebergärtner«).

Freilich wurden aus den meisten Gemüsebeeten später Rasenflächen. Sogar der Nobelpreisträger Otto Warburg baute im Garten seiner Dienstvilla in der Garystraße 18 selbst Obst und Gemüse an. Zeitweilig hielt er sich sogar eine Kuh, deren Milch im Institut zur Herstellung von Butter zentrifugiert wurde.

## Neue Einrichtungen (1905–1914)

### *Die Schulen*

Die Kinder in Dahlem mussten bis 1905 in Schmargendorf zur Schule gehen, dessen Schulgebäude nahe der Dorfkirche in der Breiten Straße nie mit der wachsenden Zahl der Schüler Schritt halten konnte. Mit dem Zuzug von mehr Menschen in die neue Villenkolonie Dahlem

*Das Arndt-Gymnasium*

wurde eine eigene Schule notwendig. Zunächst eröffnete am 27. April 1905 in der Lansstraße 7/9 eine Volksschule, gewissermaßen die Mutter einiger Dahlemer Schulen, mit zunächst 53 Schülern. Der Bau wurde von 1928 bis 1930 erweitert und beherbergt seit 1963 das John-F.-Kennedy-Institut für Nordamerikastudien der Freien Universität. Die Schule erhielt 1965 einen Neubau am Bachstelzenweg 2–8 nach Plänen von Peter Lehrecke. Mit Zustimmung von Erich Kästner wurde er Namenspatron der Grundschule. Aber auf ausdrücklichen Wunsch des Schriftstellers wird der Schulname ohne Bindestriche geschrieben.

Selbstverständlich erwartete das Bildungsbürgertum auch ein Gymnasium am Ort. Es nahm am 23. April 1908 in der oberen Etage der Gemeindeschule seinen Anfang. Mit der Eröffnung am 16. Oktober 1909 erhielt das heutige Arndt-Gymnasium ein eigenes Gebäude in der Königin-Luise-Straße 80–84. Der Schule war das Internat »Schülerheim« angegliedert, bestehend aus neun Häusern zwischen Gelfertstraße und Clayallee. Jedes Haus wurde »von je etwa 16 bis 18 Zöglingen bewohnt«[17]. Seit 1922 trägt eine Straße in der Nähe den Namen »Am Schülerheim«. Das Internat wurde später in eine Stiftung umge-

*Ehemalige Getraudenschule, heutige Gail S. Halvorsen Schule*

wandelt, die juristisch 1981 abgewickelt wurde.[18] In einigen Gebäuden sind heute Abteilungen des Bezirksamtes untergebracht.

1913 hatte das Arndt-Gymnasium 312 Schüler (ohne Schülerheim). Das jährliche Schulgeld betrug je nach Klassenstufe 110 bis 160 Mark. Zu den früheren Schülern zählen u. a. der Kommentator des DDR-Fernsehens Karl Eduard von Schnitzler, Prinz Bernhard der Niederlande und der ehemalige Postminister Prof. Christian Schwarz-Schilling. Seine Familie wohnte zwischen 1946 und 1951 in der Rappoltsweilerstraße.[19]

Das Elternhaus des bekannten Fernsehjournalisten und Adelsexperten Rolf Seelmann-Eggebert steht – heute als FU-Institut – in der Arnimallee 11. Er wurde am 11. Mai 1937 von Pastor Niemöller in der St. Annen-Kirche getauft. Seine drei älteren Brüder besuchten alle das Arndt-Gymnasium. Als Rolf dort 1943 eingeschult werden sollte, wurde die Familie nach Nassenheide evakuiert. Sie ist nicht nach Berlin zurückgekehrt.[20]

Auch der Sohn des Reichskanzlers, August Felix v. Bethmann-Hollweg (20.1.1898–1972), war hier Schüler. Er wurde am 24. März 1914 in der St. Annen-Kirche eingesegnet.

*Königin-Luise-Stiftung, Gartenseite*

Für die »höheren Töchter« gründete man im Volksschulgebäude am 20. April 1909 die Gertraudenschule. Nach Plänen von Heinrich Schweitzer entstand von 1910 bis 1912 das Schulhaus in der Straße Im Gehege 6–8. 1913 hatte die Lehranstalt 202 Schülerinnen, deren Eltern jährlich 110 bis 140 Mark zu zahlen hatten. 1920 wurde die Schule staatlich. Aus der Bildungseinrichtung wurde 1967 eine Realschule (Alfred-Wegener-Oberschule) und dann die 9. Integrierte Sekundarschule. Zusammen mit der Beucke-Realschule wurde sie am 15. Juni 2013 zur Gail S. Halvorsen Schule. Halvorsen war der legendäre Luftbrücken-Pilot, der nach dem Krieg für hungernde Berliner Kinder Schokolade abwarf.

Eine weitere Mädchenschule etablierte sich seit dem 13. Juni 1907 in der Podbielskiallee 78. Es handelt sich dabei um die Königin-Luise-Stiftung, die nach dem Tod der Monarchin am 19. Juli 1811 eröffnet werden konnte. So beging man in dem Neubau am 19. März 1911 die Hundertjahrfeier.

Aus der Stiftung wurde später eine private Mädchenschule mit Internat, die seit 1933 auch »externe« Schülerinnen zuließ. Dazu gehörte

*Das spätere Friedhofsgelände 1896*

von 1924 bis 1926 die spätere Schauspielerin Marianne Hoppe. Seit 1949 dürfen auch Jungen die Schule besuchen. Heute umfasst die Stiftung eine Grundschule, ein Gymnasium, eine Integrierte Sekundarschule und ein Internat mit etwa 60 Plätzen.

## *Die Friedhöfe*

Im Jahre 1900 zählte Dahlem 135 Einwohner, doch 1910 war die Zahl bereits auf 3.431 gestiegen. Die Zahl der Sterbefälle lag 1907 erst bei 16. Doch war es klar, dass der kleine Dorffriedhof nicht mehr ausreichte, der eigentlich für die Angehörigen der Domäne reserviert war. Die Toten der Neusiedler mussten meist auf den entfernten Friedhöfen der Nachbargemeinden bestattet werden. So legte man direkt neben dem Dorffriedhof an der Königin-Luise-Straße 57 einen neuen Friedhof an, der am 24. Februar 1910 eingeweiht wurde. Die Mauer und die hölzerne Feierhalle hatten Friedrich und Wilhelm Hennings bereits 1908/09 errichtet. Über dem Eingangstor stehen die Worte »Mors janua vitae« (Der Tod ist die Pforte zum Leben).

*Mausoleum der Familie Leichner (6.2.2016)*

*Grab von Rudi Dutschke (28.8.2003)*

Zu den ältesten erhaltenen Grabstellen zählt die von Jacobus Henricus van't Hoff († 1911). 1901 erhielt er den ersten Nobelpreis für Chemie. Er starb im Alter von 59 Jahren an Tuberkulose, die er sich wohl während einer Italienreise 1906 zugezogen hatte. Sein Ehrengrab befindet sich rechts an der Nordwand (Feld 1-296).

Ebenso an der Nordwand steht die auffälligste Grabstelle des Friedhofes (Feld 1-270). Hier ruht gleichfalls ein Chemiker. Es ist das Mausoleum der Familie Leichner. »Auf 16 kannelierten Säulen ruht ein umlaufender Architrav, der an der Front- und Rückseite durch Blendgiebel besetzt ist. Die Vorderfront ist durch den Bibelspruch ›Ego sum Resurrectio et vita‹ (Ich bin die Auferstehung und das Leben) geschmückt« (Joh. 11,25).[21] Zunächst trat Johann Ludwig Leichner († 1912) unter dem Künstlernamen Raphael Carlo als Bariton auf den Bühnen in Magdeburg, Bamberg, Köln oder Stettin auf. Aber mit der bleiverseuchten Theaterschminke, die hochgiftig war, wollte er sich nicht abfinden. Er studierte Chemie und eröffnete 1873 in der Berliner Schützenstraße 31 eine Poudre- und Schminkenfabrik, die die erste bleifreie Schminke produzierte – eine Weltneuheit.

Die Fabrik wurde am 1. Mai 1945 zerstört, die Kellergewölbe verschwanden später unter dem Mauerstreifen und wurden 2015 wieder ausgegraben. Eine Dependance am Kreuzberger Paul-Lincke-Ufer 39/40 wurde 2003 von der Polyco GmbH übernommen.

In der Rheinbabenallee 9–15 ließ sich Leichner eine Villa errichten (1976 abgerissen). Hier fand am 13. April 1912 für den drei Tage zuvor verstorbenen Fabrikanten eine große Trauerfeier statt. Der Wagner-Liebhaber, der den Komponisten persönlich kannte, stiftete 1903 das Wagner-Denkmal im Tiergarten.

Außerdem befinden sich auf dem Friedhof u.a. die Gräber der Schauspieler Heinz Drache, Werner Hinz, Carl Raddatz, Lucie Höflich und Rotraut Richter. Auch der Erfinder der Kurzschrift Johann Ferdinand Schrey, der Historiker Friedrich Meinecke und der Biochemiker und Nobelpreisträger Otto Warburg sind hier bestattet.

Auf dem das Kirchlein umgebenden alten Dorffriedhof der Kirchengemeinde befindet sich u.a. das Grab des Führers der Berliner Studentenbewegung Rudi Dutschke. Er starb 1979 an den Spätfolgen eines Attentats vom 11. April 1968, bei dem er eine schwere Schussverletzung erlitten hatte. Er wurde am 3. Januar 1980 hinter der Kirche beigesetzt. Außerdem befinden sich die Gräber des Historikers Dietrich Schäfer, des preußischen Kulturministers Friedrich Schmidt-Ott und des Bischofs von Berlin-Brandenburg, Kurt Scharf, auf diesem Friedhof. Links vom seitlichen Kircheneingang wurde Edwin Redslob bestattet. Er war von 1945 bis 1948 Lizenzträger für den »Tagesspiegel«, Mitbegründer der Freien Universität Berlin und des »Berlin-Museums«.

## *Das Oskar-Helene-Heim*

Für den 1905 gegründeten »Krüppel-, Heil- und Fürsorgeverein für Berlin-Brandenburg« stiftete das Industriellenehepaar Helene und Oskar Pintsch ein Gebäude, in dem gebrechliche Kinder medizinisch versorgt, aber auch erzogen werden sollten. Oskar Pintsch war Erbe des väterlichen Betriebes, der Gasbeleuchtungen für Eisenbahnen und Lokomotiven baute. Die Verwirklichung des Projektes erlebte er nicht mehr – er starb am 10. Januar 1912.[22]

Am 6. Juli 1912 begannen die Ausschachtungsarbeiten und am 27. Mai 1914[23] konnte das sogenannte Oskar-Helene-Heim an der Clay-

*Das Oskar-Helene-Heim*

allee 229 eröffnet werden, das nach den Plänen von Schmieden und Boethke entstand.

Es gehörte alsbald mit 300 Betten zu den größten orthopädischen Privatanstalten für Kinder und Jugendliche in Deutschland – bis zum 27. November 2000. An diesem Tag fusionierte das Oskar-Helene-Heim mit dem HELIOS Klinikum Emil von Behring in der Zehlendorfer Walterhöfer Straße 11 und alle Abteilungen wurden dorthin verlagert.

## Wissenschaftliche Anstalten und Institute

Zeitgleich mit dem Bau der ersten Villen und Landhäuser verlegte der Fiskus staatliche Einrichtungen auf das Domänengelände. Denn »im Gegensatz zu den Villenkolonien Lichterfelde (privater Investor) und Grunewald (Bankenkonsortium) erfolgte die Entwicklung der Villenkolonie Dahlem in staatlicher Regie. Dass der Staat, die Monarchie, als Stadtentwickler und Immobilienhändler tätig wurde, war sehr ungewöhnlich, denn üblicherweise waren es – wie im Fall der Villenkolonie Grunewald – Banken, Terraingesellschaften oder Bauvereine, denen die Baulanderschließung überlassen wurde.«[24]

## *Die Königliche Gärtnerlehranstalt*

Die Königliche Gärtnerlehranstalt, 1823/24 von Lenné in Potsdam gegründet, unterstand dem Landwirtschaftsministerium und wurde 1902 aus Platzgründen von Wildpark nach Dahlem verlegt. Gärtnergesellen erhielten hier ihre praktische, wissenschaftliche und gartenkünstlerische Weiterbildung zum Gartentechniker oder Landschaftsarchitekten. So entstanden an der Königin-Luise-Straße 22, in unmittelbarer Nähe zum Botanischen Garten, eine Direktorenvilla, ein Institutsgebäude, Pergola, Gewächshäuser, Heizhaus, Obstverwertungsgebäude, Stallgebäude, Wurzelversuchshaus und Remise. Die Anstalt wurde am 6. Oktober 1903 festlich eingeweiht. Der Name änderte sich 1924 in »Lehr- und Forschungsanstalt für Gartenbau Berlin-Dahlem« und 1960 in »Staatliche Lehr- und Forschungsanstalt für Gartenbau – Ingenieurschule für Gartenbau Berlin-Dahlem«. Sie ging 1971 schließlich in der Technischen Fachhochschule (TFH) auf, die seit 2009 Beuth Hochschule für Technik heißt.

Die TFH ließ 1968 hinter dem Lehrgebäude auf dem Areal des früheren Rosengartens einen tristen Zweckbau für den Fachbereich Gartenbau errichten, der Garten und Sichtachsen zerstörte. Dieser wurde mit der Wiederherstellung der Schaugärten durch die Pückler Gesellschaft e.V. nach historischen Plänen zwischen 2012 und 2014 wieder beseitigt. Das Vorhaben konnte durch Mittel der Deutschen Klassenlotterie und der Technischen Universität Berlin gefördert werden.

Die TU Berlin hat im Lehrgebäude und in weiteren Häusern das Institut für Ökologie und den Fachbereich Lebensmitteltechnologie untergebracht. In der Direktorenvilla arbeitet das Institut Landschaftsarchitektur und Umweltplanung mit dem Fachgebiet Vegetationstechnik und Pflanzenverwendung.

Dem ständig steigenden Raumbedarf der Freien Universität fielen später die weitläufigen Obst- und Gemüseflächen zwischen der Takustraße und dem Rosengarten zum Opfer. 1978 entstanden dort das Institut für organische Chemie, 1981 das physikalische Institut, 1991 das

*Die Gärtnerei-Lehranstalt, links Direktorenhaus, im Hintergrund Botanischer Garten*

Institut für Informatik und 1994–96 das Konrad-Zuse-Zentrum für Informationstechnik.

Die verbliebenen Gewächshäuser der Anstalt werden seit dem 1. Mai 2008[25] von der Landschaftsarchitektin Gabriella Pape unter dem Namen »Königliche Gartenakademie« als exklusives Gartencenter genutzt. Es steht interessierten Laien und Fachleuten offen.

## *Die Kaiserliche Biologische Anstalt für Land- und Forstwirtschaft*

An der Königin-Luise-Straße 17/19, genau gegenüber der späteren Gärtnerlehranstalt, hatte das Kaiserliche Gesundheitsamt bereits 1898 hier auf zehn Hektar (ca. 14 Fußballfelder) Versuchsfelder zur Verbesserung des Pflanzenschutzes angelegt.

1901 kamen dann noch Labors hinzu. Zwischen 1902 und 1904 entstand auf dem Gelände die Kaiserliche Biologische Anstalt für Land- und Forstwirtschaft mit Labor- und Dienstgebäude sowie Direktorenwohnhaus. Auf den kontinuierlich bewirtschafteten Versuchsfeldern

*Julius Kühn-Institut, Bundesforschungsinstitut für Kulturpflanzen (12.11.2015)*

werden insbesondere Untersuchungen zu Pflanzenschutzmaßnahmen vorgenommen. Seit 2008 trägt das Institut den Namen des Agrarwissenschaftlers Julius Kühn. Das Bundesforschungsinstitut für Kulturpflanzen ist ein Geschäftsbereich des Bundesministeriums für Ernährung und Landwirtschaft und hat deutschlandweit mehrere Standorte.

Somit war mit dem Botanischen Garten (seit 1910 mit Botanischem Museum), der Gärtnerlehranstalt und der Anstalt für Land- und Forstwirtschaft ein Zentrum botanischer wissenschaftlicher Forschung und Lehre entstanden.

## *Das Pharmazeutische Institut*

Ein botanischer Zusammenhang besteht hinsichtlich der Heilpflanzen auch zur Pharmazie. Die Ausbildung der Pharmazeuten an der Berliner Friedrich-Wilhelm-Universität unterstand dem Fachbereich Chemie. Allerdings war die räumliche Situation problematisch: Zeitweilig

*Das alte Pharmazeutische Institut*

hatten die Studenten im Keller des Leichenschauhauses ihre Laborplätze. Schließlich entschloss man sich zur Gründung eines eigenen Pharmazeutischen Instituts, das aber wegen unzureichender Unterbringungsmöglichkeiten in der Innenstadt dann in Dahlem entstand. Am 27. Oktober 1902 konnte das Institut nach zwei Jahren Bauzeit an der Königin-Luise-Straße 2/4 eröffnet werden. Hinter dem Gebäude lag der 4.000 Quadratmeter große Institutsgarten, wo Mohn, Tabak, Minze (zur Destillation ätherischer Öle) und Arzneipflanzen angebaut wurden. Zudem stand ein Tennisplatz zur Verfügung. Bereits im Wintersemester 1913/14 zählte man 9.593 Studenten.

## *Das Pflanzenphysiologische Institut*

Gegenüber den Pharmazeuten errichtete die Berliner Friedrich-Wilhelms-Universität an der Königin-Luise-Straße 1/3 als zweite Einrichtung in Dahlem 1912 ihr Pflanzenphysiologisches Institut. Es zog 1970 als Institut der FU in den Neubau Nr. 12–16. Auf dem Gelände des

*Ehemaliges Bundesgesundheitsamt Unter den Eichen (26.11.2015)*

Botanischen Gartens entstand zusätzlich an der Altensteinstraße 6 das Institut für Systematische Botanik und Pflanzengeographie, was den botanischen Schwerpunkt an dieser Stelle stärkte. Die schräge Glasfassade soll an die Pflanzenhäuser des Botanischen Gartens erinnern.

## *Das Kaiserliche Gesundheitsamt*

Für die Veterinär-Abteilung des Kaiserlichen Gesundheitsamtes wurde zwischen 1903 und 1908 auf Domänengebiet Unter den Eichen 82–84/ Thielallee 74–92 ein neuer Komplex gebaut. Er bestand aus dem großen Laboratoriumsgebäude an der Straße Unter den Eichen, zwölf Tierställen und fünf Wohnhäusern für Mitarbeiter. 1914 gab man Pläne auf, die Kriegsakademie auf ein Gelände südlich der Garystraße zu verlegen. Man befürchtete eine Übertragung von Seuchen auf den großen Pferdebestand der Akademie durch die Nähe der bakteriologischen Labore. Von diesen Gebäuden sind fast alle erhalten geblieben, wenn man von der Beseitigung von Kriegsschäden und Erweiterungen absieht.

Das bakteriologische Laboratorium ermöglichte es, Behandlungsverfahren zur Bekämpfung von Infektionskrankheiten wie Tuberkulose[26], Syphilis und Diphtherie zu erforschen und Medikamente zu entwickeln.

Aus dem Kaiserlichen Gesundheitsamtes wurde 1919 das Reichsgesundheitsamt, 1952 das Bundesgesundheitsamt, 1994 das Bundesinstitut für gesundheitlichen Verbraucherschutz und Veterinärmedizin und 2002 das Bundesinstitut für Risikobewertung (BfR). Es erarbeitet Gutachten und Stellungnahmen zu Fragen der Sicherheit von Chemikalien, Lebens- und Futtermittelsicherheit und anderen Produkten. Im November/Dezember 2011 zog das BfR nach Berlin-Jungfernheide in die Max-Dohrn-Straße 8–10 um. Der Komplex stand im November 2015 leer, lediglich ein Seitengebäude an der Thielallee diente als Unterkunft für Flüchtlinge.

### *Das Königliche Materialprüfungsamt*

Auf der anderen Straßenseite, Unter den Eichen 87, bezog das »Königliche(s) Materialprüfungsamt der Technischen Hochschule Berlin in Groß-Lichterfelde« am 1. April 1904 seinen Neubau. 1956 wurde der Name in »Bundesanstalt für Materialprüfung« (BAM) und 1987 in den heutigen Namen »Bundesanstalt für Materialforschung und -prüfung« geändert. Seit 1977 nutzt die Bundesanstalt auch das ehemalige Stubenrauch-Krankenhaus Unter den Eichen 44–46 in Lichterfelde, das am 26. Juni 1900 eröffnet wurde.

### *Das Entomologische Institut*

Am 2. November 1912[27], dem dritten Todestag des Begründers Prof. Kraatz, wurde das Entomologische Institut in der Goßlerstraße 20 eröffnet (Eckgrundstück; heute Ehrenbergstraße 26/28). Das ehemalige Insekteninstitut und -museum wurde 1909/11 nach Plänen von Heinrich Straumer errichtet. Dabei verzichtete er auf die wilhelminische Ära prägende Architekturelemente wie wuchtige Säulen oder pompöse Fassaden. Stattdessen entstand ein rot verklinkertes Landhaus, das dennoch durch die Arkaden und einen gedrungenen Eckturm reprä-

*Das ehemalige Entomologische Institut (26.1.2016)*

sentativ wirkt. Grundstock bildete die Sammlung und die Bibliothek des Insektenforschers und Zoologie-Professors Gustav Kraatz, die er 1886 der Stadt Berlin geschenkt hatte. Er hatte sich zeitlebens für die Errichtung eines Instituts eingesetzt. Die Realisierung erlebte Kraatz aber nicht mehr – er starb am 2. November 1909. Auf seinen Wunsch hin wurde seine Urne in einem Insekten-Schrank aufgestellt. Sie existiert noch heute. 1922 übernahm die Kaiser-Wilhelm-Gesellschaft die Einrichtung, zunächst als Museum, später als Institut. Kriegsbedingt verlegte man die Einrichtung 1943 nach Waren/Müritz. Seit 2004 ist sie in Müncheberg beheimatet (Senckenberg Deutsches Entomologisches Institut).

In das ungenutzte Gebäude zog 1950 die Abteilung für experimentelle Erbpathologie des Instituts für Anthropologie, menschliche Erblehre und Eugenik, ab 1953 das Max-Planck-Institut für vergleichende Erbbiologie und Erbpathologie, von 1963 bis 1970 das Max-Planck-Institut für molekulare Genetik. Später nutzten die Biologen und Sinologen der Freien Universität das Haus. Heute befindet sich hier ein Zentrum für Deutsche und Europäische Studien der FU.

### *Das Astronomische Rechen-Institut*

Die Sternwarte sollte ursprünglich auch nach Dahlem verlegt werden. Man hielt dann aber den Standort in Babelsberg für geeigneter. Nur das Astronomische Rechen-Institut der Preußischen Akademie der Wissenschaften zog von der Kreuzberger Lindenstraße in einen Instituts-Neubau in der Altensteinstraße 40. Es wurde am 23. April 1912 eröffnet. Kriegsbedingt verlegte man das Institut 1944 nach Sermuth (Sachsen) und den größten Teil später an die Heidelberger Universität. Das Gebäude in der Altensteinstraße nutzte das US-Militär zunächst als Clubhaus »Melodie«. Seit 1951 gehört das Haus der Freien Universität, die es unterschiedlich nutzte. Zunächst zog hier das historische Seminar ein. Es wurde später nach dem ersten Rektor der FU Friedrich Meinecke benannt. Die Bedeutung des Historikers wird daran deutlich, dass schon zu Lebzeiten ein Institut seinen Namen erhielt. Es zog 1973 in die Rostlaube um. Anschließend war hier von 1973 bis 1994 das Präsidialamt der FU untergebracht. Seit 2008 hat hier das Institut für Islamwissenschaften seinen Sitz.

### *Die Staatliche Landesanstalt für Wasser-, Boden- und Lufthygiene*

Zwischen 1911 und 1913 entstand das Gebäude für die »Staatliche Landesanstalt für Wasser-, Boden- und Lufthygiene« am Corrensplatz 1. Es wurde am 20. April 1913 feierlich eröffnet. Die Einrichtung wurde 1935 erweitert und ist heute Teil des Umweltbundesamtes.

Die Berliner Universtät verlegte wegen der Folgen des Ersten Weltkrieges keine weiteren Institute mehr nach Dahlem, wenn man einmal vom Institut für Höhenstrahlenforschung 1935/36[28] auf das Obstbaugelände am Otto-von-Simson-Weg absieht. Außerdem beanspruchte die Gründung der Kaiser-Wilhelm-Institute erhebliche finanzielle Mittel.

## Die Anfänge der Kaiser-Wilhelm-Gesellschaft

Die »Kaiser-Wilhelm-Gesellschaft zur Förderung der Wissenschaften« (KWG) wurde am 11. Januar 1911 im Sitzungssaal der königlichen Akademie der Künste gegründet (seit 1948 Max-Planck-Gesellschaft). Die

Kultuspolitiker des Kaiserreiches trauten es den Universitäten nicht zu, den Rückstand in den wissenschaftlichen und technischen Standards im Vergleich zum Ausland aufzuholen. Durch die steigende Zahl der Studierenden an den Universitäten erhöhten sich für die Gelehrten die Lehrverpflichtungen. Ferner erschwerte die starre Einteilung in Fachrichtungen die interdisziplinäre Forschung. Die wissenschaftlichen Arbeiten der Industrie orientierten sich natürlich ausschließlich an Profiterwartungen, zumal die Forschungsergebnisse durch den Patentschutz der Wissenschaft kaum zur Verfügung standen.

Angesichts wachsender Aufgaben konnten auch viele wissenschaftliche Einrichtungen ihren Raumbedarf in der Innenstadt nicht mehr decken. Ursprünglich dachte man sogar an die Verlagerung der gesamten Universität. Die Berliner Stadtverwaltung sah das mit Sorge, denn die Abwanderung gehobener Bevölkerungsschichten hätte zu einer weiteren Proletarisierung mit geringeren Steuereinnahmen geführt. Doch mit dem Ausbruch des Ersten Weltkrieges war der Umzug von Universität und Charité nach Dahlem vom Tisch.

Es blieb schließlich bei der Bildung außeruniversitärer Forschungseinrichtungen, die nur der Grundlagenforschung verpflichtet sein sollten. Den Neuentwicklungen, besonders in der Chemie, Biochemie, Biologie und Physik sollten vornehmlich naturwissenschaftliche Forschungsinstitute Rechnung tragen.

Der Standort in Dahlem war bereits durch die Verlegung anderer wissenschaftlicher Einrichtungen dorthin vorgezeichnet, zumal die Baugrundstücke in Staatsbesitz waren. Bereits seit 1908 war auf Anregung von Friedrich Althoff, Ministerialdirektor im preußischen Kultusministerium, ehemaliges Land der Domäne Dahlem dafür reserviert worden. Man bestärkte den Kaiser in der Ansicht, dass die zu erwartenden Forschungsergebnisse der KWG für das Nationalprestige von hohem Wert seien, zumal es nationalen, politischen und wirtschaftlichen Nutzen gebe. So stand der Monarch uneingeschränkt hinter diesem Projekt.

Die Finanzierung erfolgte von privater Seite (Bankiers[29]), durch Verbände, Firmen, Ministerien und Reichsämter. Das Berliner Tageblatt meldete in seiner Abend-Ausgabe vom 11. Januar 1911 auf Seite 2: »Nach den gefaßten Beschlüssen wird die Mitgliedschaft in der Gesellschaft erworben durch einen Aufnahmebeitrag von 20 000 Mark. Der jährliche Beitrag ist auf 1000 Mark festgesetzt, ... Das Stiftungskapital, dessen Höhe der Kaiser in seiner Rede vom 12. Oktober v. J. selbst auf neun bis zehn Millionen angegeben hat, ist ungefähr auf elf Millionen Mark zu erhöhen. Organe der Gesellschaft sind außer der Hauptversammlung der Senat und der Verwaltungsausschuß.«

Erster Präsident wurde der evangelische Theologe Adolf v. Harnack, die Vizepräsidenten waren der Industrielle Gustav Krupp von Bohlen und Halbach (bis 1937), und der Bankier Ludwig Delbrück. Der erhängte sich allerdings am 12. März 1913 im Badezimmer nach der Einsegnung seiner Kinder aus nie geklärten Gründen. Er wurde auf dem Friedhof der Jerusalems- und Neuen Kirche III vor dem Halleschen Tor beigesetzt. Von 1945 bis 1948 war der Chemiker Robert Havemann Präsident der KWG.

Die Pläne für die ersten vier Haupt- und Nebengebäude wie z. B. das Direktorenhaus entwarf Ernst von Ihne. Die technische und finanzielle Baudurchführung hatte Max Guth inne. Er war bei der Ministerial-, Militär- und Baukommission in der Preußischen Bau- und Finanzdirektion tätig.

Ein Problem war die verkehrstechnische Anbindung der neuen Institute an Berlin. Der Weg zu den Bahnhöfen an der Berlin-Potsdamer Eisenbahn, »Lichterfelde West« (eröffnet am 15. Dezember 1872) und »Botanischer Garten« (eröffnet am 1. Mai 1909) war weit. Seit dem 2. Dezember 1905 fuhr eine Straßenbahn als Linie 107 vom Bahnhof Steglitz über Grunewald- und Königin-Luise-Straße gut fünf Kilometer bis etwa in Höhe Arndt-Gymnasium, wo das Wildgatter verlief. Im Jahre 1912 hatte man schon 1.457.370 Fahrgäste befördert. Den ursprünglichen Plan, die Linie bis zum Jagdschloss Grunewald zu führen, wurde vom preußischen Forstfiskus verhindert. Die Strecke wurde als Linie 40 am 1. Oktober 1959 stillgelegt. Aber die geplanten Institute lagen knapp zwei Kilometer entfernt, mitten in der Landschaft. Die Kernphysikerin Lise Meitner erinnerte sich 1954: »Direkt vor dem Institut (für Chemie, Thielallee 63/C.S.) war ein großes Kornfeld, nach Süden gegen Zehlendorf lag eine weite Ebene, mit vereinzelten, malerischen Windmühlen.... Das damals noch sehr wenig bebaute Dahlem mit dem freien Blick nach dem Grunewald war landschaftlich ausgesprochen reizvoll.«[30]

Vom Wittenbergplatz kommend hatte die Stadt Wilmersdorf eine eigene U-Bahnlinie gebaut, um für das neue Rheingauviertel eine schnelle Verbindung nach Berlin zu schaffen. Die Domäne Dahlem

*Die Straßenbahn in der Königin-Luise-Straße vor der Anstalt für Land- und Forstwirtschaft*

führte die Linie bis zum vorläufigen Endbahnhof Thielplatz weiter. Damit war der Anschluss an die Villenkolonie und die Kaiser-Wilhelm-Institute, die Weltrang hatten, gewährleistet. Der Bau der U-Bahn begann 1911, die Eröffnung für den regulären Verkehr fand am 12. Oktober 1913 statt.[31]

Auf Dahlemer Gebiet lag zunächst der Bahnhof Breitenbachplatz, der nach einem Entwurf von Wilhelm Leitgebel gebaut wurde. Es ist der einzige unterirdische U-Bahnhof in Zehlendorf. Nach Unterfahrung der Schorlemer Allee wurde die heutige Linie 3 als offene Einschnittbahn weitergeführt. Schon der nächste Bahnhof Podbielskiallee liegt unter freiem Himmel. Das Zugangsgebäude von Heinrich Schweitzer erinnert an ein märkisches Stadttor.

Das Empfangsgebäude der Station Dahlem-Dorf entwarfen die Brüder Friedrich und Wilhelm Hennings. Es besteht aus Fachwerk und ist dem niederdeutschen Hallenhaus nachempfunden. Das Rohrdach brannte am 27. Dezember 1980 ab, wurde aber 1981 wiederhergestellt. Wegen der Nachbarschaft der Domäne Dahlem witzelt man, dies sei Deutschlands einziger Bauernhof mit U-Bahnanschluss. Die vorerst

*Das Stationgebäude Dahlem-Dorf*

letzte Station Thielplatz gestaltete Heinrich Straumer. Die Verlängerung bis Krumme Lanke ging erst am 22. Dezember 1929 in Betrieb.

Vom Eröffnungstag berichtete das Berliner Tageblatt vom 13. Oktober 1913: »Mit Freude wird auch der Himmel begrüßt, wenn die Bahn aus ihrer Hülse in die Schlucht des Einschnittes mündet und endlich auf Dahlemer Feld führt. Manche Eltern machten gestern mit ihren Kindern eine Blitzlandpartie. In 18 Minuten draußen im Freien sein! Der Bahnhof selbst genügt in seiner dörflichen Einkleidung als Sommeraufenthalt. Schleunigst wird Luft geschnappt, die Augen schweifen schnell nach rechts und links – Herbstlaub, weite Felder, Ansichtskarten – dann geht es nach zehn Minuten Aufenthalt in die Tiefe hinab …«

Doch zurück zur Kaiser-Wilhelm-Gesellschaft: Bis zum Beginn des Ersten Weltkrieges entstanden vier Institute, die nach den Vorgaben der Direktoren »um sie herum« gebaut wurden. Die beiden ersten Gebäude waren das Institut für Physikalische Chemie und Elektrochemie am Faradayweg 4–6 (seit 1952 Fritz-Haber-Institut mit Erweiterungsbau) und das Chemische Institut in der Thielallee 63. Beide Gebäude wurden am 23. Oktober 1912 in Anwesenheit des Kaisers feierlich eröffnet.[32]

*Der Kaiser bei der Eröffnung der ersten beide Kaiser-Wilhelm-Institute am 23. Oktober 1912*

Das Chemische Institut kostete 1,1 Millionen Mark, hieß lange Otto-Hahn-Haus und seit 2010 Hahn-Meitner-Bau. Hier war 1938 die weltweit erste Kernspaltung gelungen. Eine Gedenktafel am Gebäude erinnert seit dem 17. Dezember 1956 – genau 18 Jahre später – daran.

Um der Gesellschaft international wissenschaftliches Gewicht zu verleihen, war es entscheidend, renommierte Wissenschaftler an die neuen Institute zu berufen. Es gelang, Richard Willstätter vom Eidgenössischen Polytechnikum in Zürich als Leiter der Abteilung für Organische Chemie zu gewinnen. 1912 ließ sich der Gelehrte am Faradayweg 10 nach Plänen von Breslauer & Salinger ein geräumiges Landhaus errichten. Um die Halle gruppierten sich Gesellschafts- und Wohnräume sowie das Speisezimmer mit der Küche. Im zweigeschossigen Mansarddach befanden sich die Schlafzimmer und Bäder für die Familie, sowie Räume für das Dienstpersonal.

Zu Willstätters Forschungsgebiete gehörten die Photosynthese und die Pflanzenfarbstoffe. Dafür legte er zwischen den beiden chemischen Instituten Blumenkulturen an. 1915 erhielt Willstätter den Nobelpreis für Chemie, ging aber ein Jahr später nach München.

*Großes Gebäude links das Chemische Institut, quer verläuft die Thielallee, im Vordergrund der Triestpark.*

Sein Haus fungierte ab 1938 als Dienstwohnsitz für den Chef der Ordnungspolizei, den SS-Obergruppenführer Kurt Daluege. Später wohnte hier bis zu seinem Tod 1967 der evangelische Bischof von Berlin Otto Dibelius. Das Gebäude gehört heute zum Fritz-Haber-Institut und wird als Begegnungsstätte für die Abteilung Theorie genutzt.

Auf dem großen Eckgrundstück Thielallee 73/Van't-Hoff-Straße 2 gegenüber dem Correnspatz folgte 1912/13 als dritte Einrichtung das Institut für Experimentelle Therapie. Es hatte die Aufgabe, Infektionskrankheiten wie Syphilis, Cholera und Typhus zu erforschen und zu bekämpfen. Deshalb entstanden auf dem Gelände auch Versuchstierställe, die nicht erhalten sind. Hinzu kam ein Wohnhaus für Assistenten und den Pförtner. Der Altbau mit den hohen Abluftschornsteinen wird heute von Instituten der Charité Universitätsmedizin Berlin genutzt, darunter die Institute für Klinische Pharmakologie und Toxikologie, für Arbeitsmedizin und das Labor für Biofluidmechanik. 1959/60 wurde an der Ostseite des Gebäudes ein Hörsaal für das Pharmakologische Institut der Freien Universität angefügt (Thielallee 67). In der Garystraße 3 entstand 1966–68 das Pharmakologische Praktikum

*Kaiser-Wilhelm-Institut für Biologie mit Außenanlagen*

und an der Garystraße 5/7 das Institut für Embryonalpharmakologie 1971–73. 1992 kam dazwischen ein Erweiterungsbau von der Abteilung Technik und Bau der FU hinzu.

Als vierte und vor dem Ersten Weltkrieg letzte Einrichtung entstand schließlich das viergeschossige KWI für Biologie 1914–16 in der Boltzmannstraße 3 mit einem Direktorenwohnhaus daneben (heute Rechtswissenschaften der FU). Es war auch das letzte KWG-Gebäude Ernst von Ihnes, da er am 21. April 1917 im Alter von 68 Jahren starb. Dahinter erstreckten sich botanische Versuchsflächen, Gewächshäuser, Tiergehege, Aquarien und Nebengebäude.

Hauptaufgabengebiet des neuen Instituts waren Forschungen auf den Gebieten der Vererbungs- und Entwicklungslehre. Direktoren wurden der Zoologe Hans Spemann und der Pflanzengenetiker Carl Erich Correns.

# DER ERSTE WELTKRIEG

Die Dienstvilla für Correns fiel im Vergleich zur Villa Haber wesentlich bescheidener aus – schließlich befand man sich seit dem 1. August 1914 im Ersten Weltkrieg. Dieser verhinderte zwar zunächst den weiteren Ausbau der KWG. Doch die Wissenschaftler stellten ihre Arbeit in den Dienst kaiserlich-militärischer Interessen. Die meisten Forscher betrachteten den Krieg als Verteidigungskrieg. Es galt, Engpässen und Ausfällen von Rohstoffen entgegenzutreten und Verfahren zur Produktion und Nutzbarmachung von Ersatzstoffen im Nahrungsmittelbereich zu entwickeln.

Fritz Haber wurde, aus Karlsruhe kommend, 1911 Gründungsdirektor des Instituts für Physikalische Chemie und Elektrochemie. Neben dem Institutsneubau am Faradayweg 4–6 entstand an der Ecke Faradayweg 8/Hittorfstraße 24 eine pompöse Dienstvilla in einem großzügigen Garten. Der Architekt Ihne, der sonst für einen neobarocken, wilhelminischen Repräsentationsstil bekannt war, griff hier die von Hermann Muthesius angeregte Idee des englischen Landhauses auf. Dessen Merkmale sind Mansarddach, Sprossenfenster mit Klappläden, das Fehlen eines Haussockels und die weitgehend flächigen Putzfassaden. Im Erdgeschoss kommt man über eine Wohnhalle und Treppenhaus in die großen Räume wie Speisesaal, Salon und Wintergarten. Im Obergeschoss lagen die privaten Schlafzimmer mit Bädern. Im ausgebauten Mansardgeschoss lagen die Wirtschaftsräume sowie die Zimmer für das Hauspersonal und eine Wohnung für Gäste. Diese nutzte auch Albert Einstein vorübergehend. Von April bis November 1914 wohnte er in der Ehrenbergstraße 33 (Gedenktafel seit dem 22. Oktober 2005).

Fritz Haber hatte ein Verfahren zur Ammoniak-Synthese entwickelt und erhielte dafür 1918 den Nobelpreis für Chemie (Verleihung 1919). Durch dieses Verfahren konnte man in großen Mengen Düngemittel herstellen. Dadurch gab es in den Industrie- und Schwellenländern seit dem letzten Jahrhundert keine Hungersnöte mehr. Das Verfahren dient

*Villa für Fritz Haber (17.5.2013)*

aber auch zur Herstellung von Sprengstoffen. Zu Beginn des Ersten Weltkrieges experimentierte Haber zudem mit Phosgen und Chlorgas. Tag und Nacht standen das Institutsgelände und die Habersche Dienstvilla nun unter militärischem Schutz. Er beschäftigte damit rund 150 wissenschaftliche Mitarbeiter und etwa 1.500 weitere Hilfskräfte. Während der Zweiten Flandernschlacht setzte das deutsche Militär in der Nähe von Ypern am 22. April 1915 um 18 Uhr unter der Aufsicht von Haber Chlorgas aus 6.000 Stahlflaschen gegen die Franzosen ein. Durch die »günstige« Windrichtung wälzte sich eine Wolke des aufgrund seiner hohen Dichte am Boden kriechenden Giftgases auf einer Breite von sechs Kilometern in die Schützengräben der gegnerischen Soldaten. Diese rangen verzweifelt nach Luft und litten unter quälenden Hustenreiz mit bräunlich-schleimigem Auswurf und rasselnder Atmung. Außerdem kam es zu Verätzungen von Augen und Lungen, die schließlich zum Erstickungstod führten. Wer es überlebte, war teilweise lebenslang geschädigt.

Habers erste Frau Clara, selbst promovierte Chemikerin, war darüber so entsetzt, dass sie sich in der Nacht zum 2. Mai 1915 mit der

Dienstwaffe ihres Mannes im Garten der Villa mit einem Schuss ins Herz das Leben nahm. Die bereits seit Jahren zerrüttete Ehe und vergebliche Bemühungen, selbst wissenschaftlich zu arbeiten, dürften weitere Gründe für ihren Suizid gewesen sein. Haber ließ sich davon nicht beirren und fuhr noch am selben Tag nach Galizien, um den Einsatz von Chlorgas, das mit Phosgen vermischt wurde, gegen die russischen Truppen vorzubereiten. Dieses Gas zersetzt sich in der Lunge bei vollem Bewusstsein allmählich zu Kohlendioxid und Salzsäure, was zu Verätzungen führt. Nach stundenlangen asthmaartigen Anfällen und Krämpfen tritt der Tod ein.

Haber ging davon aus, dass man durch Einsatz von Giftgas den Krieg bald – zugunsten Deutschlands – beenden könnte und sich so sehr viele Menschenleben retten ließen. Tatsächlich jedoch setzten schließlich auch die Alliierten Gas ein, das im Ersten Weltkrieg etwa 100.000 Menschen das Leben kostete.

1917 heiratete Haber seine langjährige Geliebte Charlotte Nathan. 1919 wurde er, wie viele andere für die Rüstungsindustrie tätige Wissenschaftler, auf eine Liste zur Auslieferung an die Alliierten gesetzt. Er floh in die Schweiz, konnte aber Ende des Jahres (die Liste wurde aufgehoben) nach Deutschland zurückkehren und die KWI-Leitung wieder übernehmen. Haber verließ Deutschland 1933 nach der Machtergreifung Hitlers. Er starb ein Jahr später an Herzversagen und einem Lungenödem 66-jährig auf einer Durchreise in Basel. Seine Urne wurde auf dem Friedhof »Hörnli«, dem größten Friedhof in der Schweiz, beigesetzt. Habers 1902 geborener Sohn Hermann aus erster Ehe ließ die Urne seiner Mutter (Clara Immerwahr) 1937 im gleichen Grab beisetzen. Er emigrierte im Zweiten Weltkrieg mit seiner Frau in die USA, wo er 1946 Selbstmord beging.

Fritz Habers Forschung haben also unzählige Menschen vor dem Verhungern gerettet, aber auch Tausende im Ersten Weltkrieg getötet. Allerdings nutzte man die Giftgase auch zur Bekämpfung tierischer und pflanzlicher Parasiten.

Während Habers Forschung der Entwicklung der Giftgase diente, arbeitete Willstätter am Gegenteil, nämlich an der Entwicklung von Füllstoffen für die Filter der Gasmasken.

Bei Kriegsbeginn wurden fast alle Männer zum Militärdienst eingezogen. Vom Arndt-Gymnasium wurden schon 1914 19 Lehrer und 53 Schüler – teilweise nach Ablegung der Notreifeprüfung – einberu-

*Haber (zweiter von links) weist Soldaten in den Gebrauch der Giftgasbehälter ein*

fen. Für die gefallenen Lehrer und Schüler befindet sich seit 1928 ein Ehrenmal im 1. Obergeschoss zwischen den beiden Eingangstüren zur Aula.[33]

Der Arbeitskräftemangel war auch auf der Domäne Dahlem spürbar. Deshalb halfen die Einwohner beim Einbringen der Getreideernte. Zu jener Zeit wurden noch auf 432 Morgen Roggen, auf 150 Morgen Hafer und auf 15 Morgen Gerste angebaut.

Am 7. August 1914 rief man eine Kriegshilfsstelle mit folgendem Aufruf ins Leben: »Aufruf an die Bewohner Dahlems! Mitbürger! Die gewaltigen Aufgaben, vor die unser Volk gestellt ist, fordern gewaltige Opfer, nicht nur an Blut sondern auch an Gut und Werken tätiger Nächstenliebe. Ringsum im Lande rüstet man sich, den Bedrängten unseres Volkes mit allen Kräften zu helfen. Da will auch das kleinste Gemeinwesen vor den Toren der Kaiserstadt nicht zurückstehen.

Am 6. August 1914 ist in Dahlem eine Kriegshilfsstelle errichtet zu dem Zwecke: Labung der im Felde stehenden Krieger, Pflege erholungsbedürftiger Kämpfer, Unterstützung notleidender Familien der im Felde Stehenden.

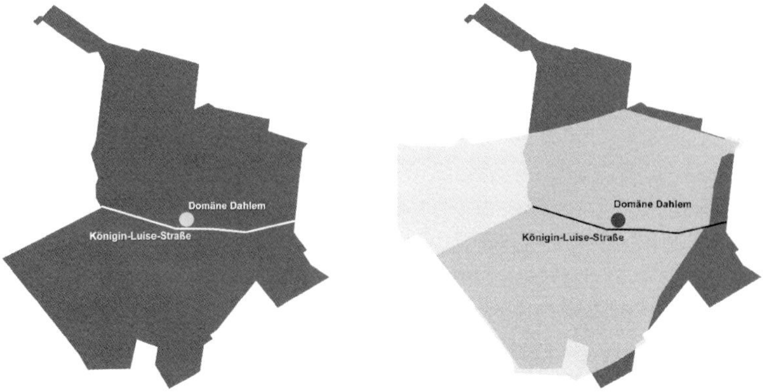


*Dahlem vor 1938 – Dahlem nach 1938*

Ihr Alle, die Ihr liebe Angehörige im Heere habt oder die Ihr allein steht und keinen persönlichen Teil habt an dem Völkerringen, helft uns, kommender Not vorzubeugen, vorhandene Not zu lindern. Unterstützt uns mit Geld, Wäsche, Verbandszeug, Lebensmitteln, Kleidung, Tabak und Zigarren.

Jede Gabe wird gern entgegengenommen im Gutshause Dahlem, Zimmer 10, Dienststunden 10–1 Uhr und 3–6 Uhr.«[34]

Unterzeichnet wurde der Aufruf vom Gutsvorsteher, vom Pfarrer und den Vorsitzenden zweier Vereine. Einer war die »Freie Vereinigung der Villenbesitzer«. Dessen Vorsitzender Max Nagel schrieb 1929: »Der Aufruf zündete in ungeahnter Weise. Von allen Seiten der Dahlemer Einwohnerschaft strömten in edlem Wettstreite nicht nur namhafte Geldbeträge, sondern alle nur möglichen Liebesgaben in reichlichem Maße hinzu.«[35]

Die über die Lebensmittelkarten erhältlichen Nahrungsmittel reichten nicht zur Deckung des täglichen Kalorienbedarfs, sodass öffentliche Kriegsküchen eingerichtet wurden. Auf dem Gelände der Domäne Dahlem wurde während des Krieges ausschließlich Milchwirtschaft betrieben. Das gerade erst vor zwei Monaten eröffnete nagelneue Oskar-Helene-Heim an der Clayallee wurde zum Lazarett.

# DIE WEIMARER REPUBLIK

Der Erste Weltkrieg nahm den bekannten Ausgang. Für die 131 gefallenen Dahlemer stellte man 1926 ein Denkmal von Hermann Hosaeus auf der Dorfaue auf. Das Arndt-Gymnasium in der Königin-Luise-Straße musste nach Kriegsende für demobilisierte Truppen geräumt werden.

Angesichts der verheerenden wirtschaftlichen Lage gestattete die Domäne der hungernden Stadtbevölkerung das Ährenlesen auf den abgerneten Feldern. Aber schon das Sprichwort beklagt, wem man den kleinen Finger reicht, dem muss man oft die ganze Hand geben. So schlichen sich die Berliner in der Nachkriegszeit auf die Dahlemer Felder, schnitten die Ähren von den Garben ab und schleppten Getreide und Kartoffeln säckeweise fort.

## Groß-Berlin

Bereits seit dem 1. April 1912 konnte sich Dahlem nunmehr Berlin-Dahlem nennen. Der Gutsbezirk, 26 Landgemeinden und die Städte Wilmersdorf, Schöneberg und Lichtenberg durften seit 1912 ebenfalls ihrem Ortsnamen den Zusatz »Berlin-« voran stellen. Diese freiwillige Regelung galt aber nur für Orte, die innerhalb der Zone lagen, in der das Porto für Standardbriefe fünf Pfennige betrug.

Durch die veränderten politischen Mehrheitsverhältnissen nach dem Ersten Weltkrieg konnte endlich die Großgemeinde Berlin geschaffen werden. Am 27. April 1920 beschloss die Preußische Landesversammlung mit knapper Mehrheit das »Gesetz über die Bildung einer neuen Stadtgemeinde Berlin«, weil dem 1911 gegründeten Zweckverband die Koordinierung Berlins mit den umliegenden Kommunen nur unzureichend gelungen war. Das Gesetz trat am 1. Oktober 1920 in Kraft. Damit wurden sieben Städte, 59 Landgemeinden und 27 Gutsbezirke Teil von Groß-Berlin, das sich damals in 20 Bezirke gliederte.

*Die Lage von Dahlem im heutigen Berlin*

Dahlem wurde innerhalb des neuen Verwaltungsbezirks Zehlendorf ein Teil der Stadt Berlin, die praktisch über Nacht 3,9 Millionen Einwohner zählte. Lediglich rund 6.000 von ihnen wohnten im beschaulichen Dahlem.

## Das Baugeschehen

### *Öffentliche Gebäude*

Dahlem war zunächst von der Post in Steglitz abhängig. Seit 1865 holte die Botenfrau Westphal von dort die Post für die Gutsherrschaft ab. Am 9. November 1880 wurde sie auf dem Weg dorthin ermordet. Die Tat legte man dem Arbeiter Bieleba zur Last. 1881 wurde er zum Tode verurteilt und sollte im Zellengefängnis an der Lehrter Straße hingerichtet werden, wurde dann aber zu lebenslangem Zuchthaus begnadigt. Der Ehemann der Ermordeten, Johann George, betrieb mit seinen Kindern drei Webstühle. Aus den Freiheitskriegen kehrte er gelähmt

*Das ehemalige Dahlemer Postamt (13.5.2016)*

zurück und konnte sich nur noch mithilfe von Krücken fortbewegen. Er starb 1883.

1910 hatte Dahlem bereits 3.431 Einwohner, Tendenz steigend. Die Villenkolonie brauchte ein eigenes Postamt, zumal umfangreiche Korrespondenzen der wissenschaftlichen Institute und Anstalten zu erwarten waren.

Nach Plänen von Otto Spalding entstand 1915–17 an der Königin-Luise-Straße 31/Koserstraße 41 für 187.000 RM ein stattliches Postamt. Weil durch den Ersten Weltkrieg nicht genug Postbeamte zur Verfügung standen, konnte es erst am 2. Februar 1919 eingeweiht werden. Das Gebäude wurde 1924–26 erweitert. Zu Beginn der 1930er-Jahre gab es vom Reichspostzentralamt aus hierher Übertragungsversuche von UKW-Fernsehsendern. Die Postfiliale wurde nach fast genau 90 Jahren am 18. Mai 2009 geschlossen und einen Tag später nur wenige Schritte entfernt im gerade fertiggestellen Seminaris-Gebäude am Hechtgraben neu eröffnet. Inzwischen ist die Post in die Königin-Luise-Straße 43 umgezogen. Das alte Postgebäude nutzt nun die Botschaft von Turkmenistan.

*Das Museum in der Arnimallee (3.4.2013)*

Auch andere öffentliche Bauvorhaben, die zwischen 1914 und 1916 begonnen worden waren, mussten vielfach vorübergehend eingestellt werden. Dazu zählten z.B. der Erweiterungsbau der früheren Gertraudenschule Im Gehege 6–8 (Fertigstellung 1922) und der Neubau des Geheimen Preußischen Staatsarchivs in der Archivstraße 12–14, der nach zehn Jahren Bauzeit erst am 26. März 1924 eröffnet werden konnte. Bis 1874 lagerten die Sammlungen des Geheimen Preußischen Staatsarchivs im Berliner Stadtschloss. Danach kamen die Bestände in ein Gebäude in der Klosterstraße. Da auch dieses Domizil bald zu klein war, entstand der Neubau in Dahlem nach Plänen von Eduard Fürstenau.

Der Bau des Asiatischen Museums in der Arnimallee 23–27, der am 14. September 1914 begonnen worden war, musste am 11. November 1916 unterbrochen werden. Zu diesem Zeitpunkt war das Gebäude allerdings bereits bis zum zweiten Stockwerk fertiggestellt. Es konnte erst zwischen 1921 und 1923 vollendet und bezogen werden. Allerdings wurde es zunächst nicht seiner Bestimmung gemäß, sondern nur als Magazin für das Völkerkundemuseum genutzt.

## *Die Wohngebäude*

Da die kaiserliche Regierung das Wohnungswesen dem freien Markt überlassen hatte und auf eine gesamtstaatliche Wohnungspolitik verzichtete, kam es – besonders in Ballungsräumen – zu Wohnungsnot. Die Erwartung hoher Renditen durch den Bau von teuren Großwohnungen erfüllte sich oft nicht, weil diese kaum zu vermieten waren. Andererseits fehlten bezahlbare Kleinwohnungen. Die Situtation verschärfte sich während des Ersten Weltkrieges und in der Nachkriegszeit durch die Unterbrechung der Bautätigkeit, der wachsenden Nachfrage durch vermehrte Eheschließungen und Tendenzen zur Kleinfamilie. Zudem wurden bestehende Wohnungen nicht instand gesetzt, weil es an Arbeitskräften, Baumaterialien und Kapital fehlte.

Auch in Dahlem kam die private Bautätigkeit fast zum Erliegen. Während 1914 noch 40 Gebäude entstanden, waren es von 1915 bis 1918 nur 17.[36]

Obwohl weniger gebaut wurde und sich die Zahl der Berliner während des Krieges um rund 200.000 verringerte, nahm die Bevölkerung Dahlems zwischen 1914 und 1919 um etwa 700 Personen zu. Für die Zuzügler mussten die Eigentümer von Villen und Landhäusern vereinzelt Souterrains und Dachgeschosse ausbauen. Dies war in vielen Fällen die einzige Möglichkeit, ihr großes Anwesen halten zu können.

Auch Julius Eduard von Schnitzler, Generalkonsul und königlich-preußischer Geheimer Legationsrat, musste sich einschränken. Am 28. April 1918 wurde sein Sohn Karl-Eduard von Schnitzler geboren, später politischer Chefkommentator des DDR-Fernsehens. Bekannt wurde er durch seine Sendung »Der schwarze Kanal«, die von 1960 bis 1989 wöchentlich ausgestrahlt wurde. Infolge des Ersten Weltkrieges verlor die Familie von Schnitzler ihr Vermögen. Sie wohnte zunächst in der Podbielskiallee 35–37, ab etwa 1924 im Reihenhaus Hohe Ähren 7. Der damalige Oberbürgermeister von Köln, Konrad Adenauer, war gleichzeitig Präsident des Preußischen Staatsrates. Wenn er in dieser Funktion in Berlin weilte, besuchte er gern die Familie von Schnitzler, der er freundschaftlich verbunden war. Und dabei alberte der kleine Karl-Eduard begeistert mit »Onkel Konrad« herum. Das verriet von Schnitzler seinen TV-Zuschauern in der DDR später natürlich nicht, wenn er in seiner Sendung gegen den Bundeskanzler Konrad Adenauer giftete. Andererseits hielt es auch dieser für geraten, die persönliche Bekanntschaft zu Herrn v. Schnitzler jun. nicht öffentlich zu machen.

Die mächtigen Villen der wilhelminischen Ära des Großbürgertums mit ihren Repräsentationsräumen gehörten nun der Vergangenheit an. Muthesius schrieb 1919: »... es muß eine weit größere Bescheidenheit in den Wohnansprüchen eintreten, als sie bisher unsere ›Villenbesitzer‹ an den Tag gelegt haben. ... Es ist anzunehmen, daß die bisherige Art von Villenvororten mit dem Kriege ihren Abschluß gefunden hat. ... Die Siedlung der Zukunft wird weder ein ausgesprochener Villenvorort der Reichen, noch eine reine Arbeitersiedlung sein, sondern sie wird eine Mischung aus dem Villenvorort und der Kleinsiedlung darstellen.«[37]

Muthesius, der für seine großen Landhäuser bekannt geworden war, baute nun auch einfacher. Im Haus Pabst Im Gehege 9 reihte er drei Gesellschaftsräume entlang der Mittelachse statt einer zentralen Halle. Die äußeren rotvioletten Ziegelwände gliederte er durch Muster. Das Haus von 1927 gehört zu seinen letzten Arbeiten. Am 26. Oktober 1927 wurde er mittags gegen 12 Uhr in Steglitz vor dem Haus Schloßstraße 32 von einer Straßenbahn angefahren und zu Boden geschleudert. Das bewusstlose Opfer starb auf dem Transport ins Lichterfelder Krankenhaus.[38] Die dem Unfallort benachbarte Miquelstraße trägt seit dem 16. September 1929 seinen Namen.

1919 wurden bereits wieder elf Häuser gebaut und 1920 waren es 16. Neben den vielen zeitlosen Einfamilienhäusern entstanden nach dem Ersten Weltkrieg in Dahlem auch Neubauten im Stil der Moderne und der »Neuen Sachlichkeit«.

Als ein Beispiel für die Moderne gilt das Haus Altensteinstraße 66 (früher Nr. 62, gehört heute zu Lichterfelde). Der Architekt Heinrich Möller (1879–1943) bemerkte rechtzeitig die sich anbahndende Inflation und schuf sich mit nur zwei Maurern und zwei Tischlern 1920/21 als Wertanlage ein eigenes zweigeschossiges Wohnhaus. Die Klinkerfassade[39] hat durch herausragende Verbindungssteine eine lebendige, genoppte Struktur. Bemerkenswert sind ferner ein halbrunder Erkervorbau und der Haupteingang mit neogotischem Ziegelspitzbogen. Darüber befindet sich eine madonnenähnliche Skulptur des Bildhauers Richard Kuöhl. Von ihm stammen auch die Zierkacheln in der Halle des nördlichen Zugangs zum U-Bhf. Thielplatz mit Motiven aus der Pflanzen- und Tierwelt.

*Haus Möller, Altensteinstraße 66 (27.2.2016)*

Möllers Haus ist heute ein Baudenkmal und gilt als »ein sehr ausgeprägtes und aussagekräftiges Beispiel für die Umbruchsituation in der Nachkriegsarchitektur zu Beginn der Weimarer Zeit und ein wichtiges Beispiel für die frühe expressionistische Berliner Architektur ...«[40] Es wurde 1952 zum Mehrfamilienhaus umgebaut und 1953 nach hinten erweitert. Noch heute ist es in Familienbesitz.

Möller ließ 1930 in der Altensteinstraße 62 – praktisch hinter seinem Haus – eine Reihenhausgruppe errichten, dessen markantes Merkmal vorschwingende Halbrundbauten sind. Als nach dem Ersten Weltkrieg im Haus 24 winzige Wohnungen eingebaut wurden, um die Wohnungsnot zu lindern, wurden die vorspringenden Halbrundbauten zu Treppenaufgängen.[41]

In den Jahren 1921 bis 1923 entstanden 352 neue Gebäude. In der Finkenstraße 21 ließ sich der Bankier Franz Belitz 1922 ein großes Haus errichten. Er wurde 1931 in den Vorstand der Reichskreditgesellschaft berufen und war später auch Präsidialmitglied der Reichsfilmkammer. Nach Sanierung, Erweiterung und Umbau 1997/98 wurde aus dem Anwesen die Residenz des US-Botschafters.

*Residenz des US-Botschafters, Kaminzimmer mit farbiger Stuckdecke. Der Raumbereich im Vordergrund bis zum Steinrahmen ist neu gebaut worden.*

Ebenfalls 1922 ließ sich der Kaufmann Hugo Silberstein sein Haus Auf dem Grat 24 am Thielpark errichten. Der streng symmetrische Garten auf dem 1.600 Quadratmeter großen Grundstück ist durch Kieswege gegliedert. Statt einer Terrasse führt eine schmale Treppe in den Garten. Zeitgleich entstand das eingeschossige Landhaus der Architekten Mebes & Emmerich in der Gelfertstraße 43. Bauherr war Richard Diercks, Direktor der Siemenswerke. Der Gartenarchitekt Paul Klawun legte auf dem 3.554 Quadratmeter großen Grundstück eine abgesenkte Rasenfläche mit rundem Wasserbecken an. Zwei halbkreisförmige Rundwege erschlossen den Garten.

Weitere Beispiele für die Bauzeit 1922/23 finden sich im Dohnensteig 2/4, Im Schwarzen Grund 23, in der Schweinfurthstraße 24 und Im Dol 25.

Durch die Folgen der Hyperinflation sank die Zahl der Neubauten von 99 im Jahre 1923 auf 36 im Jahre 1926. In diesem Jahr entstanden die Häuser Podbielskiallee 34 (heute Residenz des dänischen Botschafters) und Pacelliallee 19–21 (heute Botschaft des Irak).

*Botschaft des Irak (27.2.2016)*

Neben Einfamilienhäusern entstanden allerdings auch einige Reihenhaussiedlungen. Schon der Jansen-Plan aus dem Jahr 1911 sah die Errichtung von Reihen- und Doppelhäusern vor. Schließlich baute der Architekt Paul Imberg zwischen 1912 und 1916 auf eigene Kosten eine solche Siedlung an der Schweinfurthstraße – Am Erlenbusch – Rohlffstraße – Schorlemerallee. Diese besteht aus Doppelhäusern sowie Drei- und Fünfhäusergruppen mit Anklängen an süddeutsche Vorbilder wie etwa kleinteilige Sprossenfenster, Klappläden und Fachwerk.

Nach den Plänen von Heinrich Schweitzer und Bruno Ahrends entstanden zwischen 1912 und 1933 in mehreren Bauabschnitten insgesamt rund 30 Einfamilienhäuser in Blockrandbebauung. Sie umschließen das Geviert der Straßen Im Gehege, Falkenried, Hohe Ähren und Am Hirschsprung.

Trotz der langen Bauzeit weisen die meisten Reihenhäuser zwar einen einheitlichen landhausartigen Charakter auf, doch der Eindruck einer Schematisierung wird durch den Variationsreichtum der Architekturdetails vermieden.

Diese Siedlung in malerisch-kleinstädtischen Stil mit Fachwerkgiebeln und Erkern unterscheidet sich völlig von den Reihenhauszeilen und Wohnhäusern in der Schorlemerallee 7–13 und 12–12c mit ihren reduzierten, klaren Formen. Die Architekten Hans und Wassili Luckhardt sowie Alfons Anker bauten zwischen 1924 und 1935 abschnittsweise entlang der Straße gestaffelte kubische Baukörper mit Flachdach im Stil der Neuen Sachlichkeit. Sie entstanden zum Teil in Stahlskelett- bzw. Stahlbetonbauweise aus vorgefertigten Bauteilen, hatten sachlich-weiß gestrichene Fassaden und gelten heute als Vorläufer der Bauhausarchitektur. Nach Kriegsbeschädigungen wurden die Gebäude verändert wiederhergestellt.

Die Architekten wohnten in ihren eigenen Häusern, Alfons Anker im Haus Nr. 17A, die Brüder Luckhardt in der Schorlemer Allee 19. Rund vier Jahrzehnte später errichtete Wassili Luckhardt für die FU auch das 1967 eröffnete Veterinärmedizinische Vorklinikum in der Koserstraße 20 (heute Friedrich-Meinecke-Institut der Historiker) und das 1971 fertiggestellte Pflanzenphysiologische Institut an der Königin-Luise-Straße 12–16a. Hier finden sich auch die kubischen Formen wieder.

Die Häuser Schorlemer Allee 7/7A wurden zunächst von dem Filmregisseur Fritz Lang und seiner Frau, der Schauspielerin und Schriftstellerin Thea von Harbou, bewohnt. Nur wenige Meter weiter nördlich war schon 1922/23 die dreigeschossige Wohnanlage zwischen Lentzeallee und Milowstraße entstanden, die die Hochbauabteilung des Preußischen Finanzministeriums errichten ließ.

Die Schorlemer Allee führt auf die Wohn- und Geschäftshauszeile Breitenbachplatz 10/18 zu, die 1929–32 nach Plänen von Otto Firle und Ferdinand Radzig in Formen der Neuen Sachlichkeit entworfen wurde. Das Eckhaus am Breitenbachplatz 8, Ecke Dillenburger Straße 1 entstand zwischen 1926 und 1931 nach Plänen des Architekten Fritz Hermann Moldzio.

Das Gelände zwischen der Schorlemer Allee und der Lentzeallee wurde nicht bebaut, sondern der 1881 in Berlin gegründeten Landwirtschaftlichen Hochschule zur Verfügung gestellt. Die Gebäude an der Erschließungsstraße Albrecht-Thaer-Weg wurden in Etappen 1922–29 von Heinrich Straumer errichtet. Das Institut für Tierzucht war u.a. mit Labors, einem Operationssaal, Röntgengeräten, einem Schlachthaus und Stallungen für 72 Milchkühe ausgestattet. »Bis Anfang der

*Reihenhäuser Schorlemer Allee (17.2.2016)*

dreißiger Jahre waren von den 27 Instituten und Abteilungen 13 nach Dahlem umgezogen.«[42]

Den Plan, die gesamte Hochschule nach Dahlem zu verlegen, verhinderte die Weltwirtschaftskrise. 1934 gliederte man die Hochschule in die Friedrich-Wilhelms-Universität ein, um sie politisch besser überwachen und steuern zu können. Die 1939 an der Lentzeallee 75 begonnenen Institutsbauten konnten kriegsbedingt zunächst nur bis zum Rohbau ausgeführt werden. Zwischen 1949 und 1951 gliederte man den Standort Dahlem der Landwirtschaftlichen Fakultät der Technischen Universität an.

Lediglich das Institut für Vererbungs- und Züchtungsforschung übernahm die FU 1969. Nach der Wiedervereinigung war eine Neuordnung der Berliner Hochschullandschaft notwendig. In diesem Zusammenhang vereinigten sich 1992 die landwirtschaftlichen Fachbereiche der HU und der TU zu einem gemeinsamen Fachbereich an der HU. Der Fusionsprozess war 1994 abgeschlossen und somit war die Landwirtschaftliche Fakultät nach genau 60 Jahren an die Alma Mater zurückgekehrt.

*Institute und Freiflächen der Landwirtschaftlichen Hochschule (17.2.2016)*

## Der Ausbau der Kaiser-Wilhelm-Gesellschaft

Bedingt durch den Ersten Weltkrieg kam es zu einem Ausfall eines Großteils der Faserstoffimporte mit ernsten Auswirkungen auf die deutsche Textilindustrie. Es galt, molekulare Faserstrukturen von Kunstfasern, Seide, Zellulose, Wolle usw. zu erforschen, um als Ausbau der Rohstoffbasis der Textilindustrie neue Herstellungsverfahren zu entwickeln. Dazu gründete man am 12. März 1920 das KWI für Faserstoffchemie, das die wissenschaftlichen Grundlagen dafür schaffen sollte.

Oskar Ostersetzer, Generaldirektor der Deutschen Wollwaren-Manufaktur AG in Schlesien und zugleich Vorsitzender des Reichskuratoriums zur wissenschaftlichen Förderung der deutschen Textilindustrie, trieb den Rohbau einer Villa am Faradayweg 16 auf. Die Fertigstellung und den Umbau nahm Hermann Muthesius vor. Infolge der Inflation konnte das Institutsgebäude erst am 5. Dezember 1922 – im Beisein von Reichspräsident Ebert – eingeweiht werden. Weil es später auch andernsorts Textil- und Faserforschungsinstitute gab und die Finanzierung nicht mehr gesichert war, löste man das Institut am 1. April 1934 auf. Das Gebäude diente seit 1925/26 dem KWI für Silikatforschung, das schon seither Teile des Hauses genutzt hatte. Man forschte an Verarbeitungsverfahren für Baustoffe wie Zement, Keramik und vor allem Glas. 1930 gelang Bruno Lange hier die Entwicklung leistungsfähiger Photozellen. 1951 zog das Institut nach Würzburg um und besteht dort heute als Fraunhofer-Institut für Silicatforschung fort. Der rückwärtige Gebäudeteil für Labors am Faradayweg wurde 1996 für einen Laborneubau abgerissen. Heute ist hier das Kristall-Labor des Fritz-Haber-Instituts untergebracht.

Nach dem Tod des Haus-Architekten der KWG Ernst von Ihne 1917 suchte man nach einem neuen Architekten. Es gelang, den Direktor der Kunstgewerbeschule München Carl Sattler für eine Reihe von Neubauten zu verpflichten, so z. B. für das 1926 gegründete KWI für Anthropologie (Menschenkunde), menschliche Erblehre und Eugenik (Bewertung von Erbanlagen). Das Gebäude in der Ihnestraße 22/24, das heute von den Politologen des Otto-Suhr-Instituts der FU genutzt wird, wurde am 15. September 1927 eröffnet und 1935 um ein Drittel erweitert. Hinter dem Institutsgebäude steht noch heute das Direktorenhaus. Hier war von 1948 bis 1962 das Institut für natur- und geisteswissenschaftliche Anthropologie untergebracht. Anschließend residierte hier bis 1974 das Präsidialamt der FU. Sollte die Universitätsbibliothek einmal erweitert werden, müsste das Haus abgerissen werden.

Sattler ließ auch 1928 das kleine Haus in der Boltzmannstraße 4 errichten. Es diente ehemals der KWG zur Planung der Baumaßnahmen. Das Baubüro befand sich im Obergeschoss, die Plan- und Modellkammer sowie Sattlers Wohnung im Dachgeschoss. Die untere Etage beherbergte neben einer weiteren Wohnung drei Garagen. Das Haus nutzt nun der Fachbereich Rechtswissenschaften der FU.

Ebenso von Carl Sattler stammt das 1927–29 errichtete Harnack-Haus in der Ihnestraße 16–20 als Gäste- und Clubhaus für auswärtige Wissenschaftler. Es wurde am 7. Mai 1929 in Anweseneit von Reichsaußenminister Stresemann und des US-Botschafters Shurman eröffnet. Der große Goethesaal fasst etwa 560 Personen. Bis 1939 wohnten in dem Haus 218 Gäste. Zu der Anlage gehören auch Tennisplätze und ein im Mai 1938 eröffnetes Schwimmbad an der Boltzmann-/Ecke Garystraße. Es verschwand zum Leidwesen der Studenten beim Bau der Wirtschaftswissenschaftlichen Gebäude der FU.

*Das Schwimmbad an der Garystraße*

Das US-Militär nutzte das Haus während der Besatzungszeit als Offizierskasino. Seit 1994 untersteht es der MPG als Nachfolgerin der KWG. Nach umfangreichen Rekonstruktionsarbeiten wurde es am 21. Juni 2000 als Tagungsstätte wiedereröffnet.

## *Gelehrte der KWG – das Beispiel Otto Heinrich Warburg*

Ein weiterer Neubau von Sattler entstand 1930/31 für Otto Heinrich Warburg in der Boltzmannstraße 14. Er war Sohn des berühmten Physikers Emil Warburg, der 1895 an die Berliner Universität berufen wurde und 1905 Präsident der Physikalischen Reichsanstalt wurde (heute Physikalisch-Technische Bundesanstalt). So kam sein Sohn Otto als Zwölfjähriger nach Berlin. Die Familie wohnte in Dienstwohnungen, erst in der Neuen Wilhelmstraße 16 (heute Wilhelmstraße 67A, ARD Hauptstadtstudio), später in der Marchstraße 25 B. Der Vater führte ein gastfreundliches Haus und lud die großen Gelehrten seiner Zeit zu sich ein. So lernte der Sohn schon als Schüler die (zukünftigen) Nobelpreis-

*1: KWI für Zellphysiologie (Warburg) / 2: KWI für Anthropologie, menschliche Erblehre und Eugenik / 3: KWI für Silikatforschung / 4: Harnack-Haus / 5: KWI für Biologie mit Versuchsfeldern / 6: KWI für experimentelle Theraphie / 7: KWI für Chemie (Hahn-Meitner-Bau) / 8: KWI für pysikalische Chemie und Elektrochemie*

*Fliegeraufnahme der KWI in den dreißiger Jahren. Rechts unten die Jesus-Christus-Kirche, am rechten Bildrand die U-Bahn, diagonal die Garystraße, schräg links unten die Thielallee.*

träger Jacobus Henricus van't Hoff (1901), Max von Laue (1914), Max Planck (1918), Fritz Haber (1918), Albert Einstein (1921) u. a. kennen und studierte später bei einigen von ihnen. Er belegte die Fächer Chemie und Medizin, in den Nebenfächern Philosophie, Botanik und Physik. 1906 promovierte er in Chemie beim Nobelpreisträger Emil Fischer an der Berliner Universität zum Dr. phil., 1911 zum Dr. med. in Heidelberg. Er erhielt aber nie eine ärztliche Approbation, d. h. er war zwar wissenschaftlicher Mediziner, aber kein praktizierender Arzt. 1912 habilitierte sich Warburg mit einer Arbeit »Über die energieliefernden Reaktion in lebenden Zellen«. Am 1. April 1914 wurde er Leiter der physiologisch-chemischen Abteilung am KWI für Biologie. Das anfängliche Jahresgehalt von 4.000 Mark verneunfachte sich später.

1929 gelang Warburg die Gründung eines kleinen Instituts für Zellphysiologie und dessen Finanzierung durch die amerikanische Rockefeller Foundation in Baltimore mit 600.000 Dollar. Die Stiftung hatte Warburgs Forschungen auf den Gebieten der Photosynthese, der Atmung und der Krebsentstehung unterstützt. Sattlers Entwurf sah ei-

*Otto Warburg mit seinen Instrumenten zur Messung des Sauerstoffs in einer Zelle*

nen sachlichen Zweckbau für Labor und Bibliothek vor, den Warburg empört mit der Begründung ablehnte, er wolle nicht in einer Fabrik arbeiten. Stattdessen wünschte er ein Institutsgebäude, dessen Vorbild das Gutshaus in Groß Kreutz bei Werder aus dem 18. Jahrhundert sein sollte. So entstand an der Boltzmannstraße 14 ein eingeschossiger, lang gestreckter Putzbau mit symmetrischer Fassade mit Mittelpavillon, Fensterläden, Mansarddach und Freitreppe zur Garystraße. Selbst die Eingangstüren wurden nachgebildet. Lediglich der Grundriss wurde zugunsten eines größeren Raumangebots vom Original nicht übernommen. Der Bau, der Ende 1931 bezogen werden konnte, sagt etwas aus über Warburgs Eigenverständnis und Lebensstil. Den repräsentativsten Raum – den ovalen Saal in der Mittelachse – nutzte er als Arbeits- und Bibliotheksraum. Beiderseits davon befanden sich Labors und Arbeitsräume, während im Mansardengeschoss vier Wohnungen für Assistenten und Gäste lagen. Er selbst wohnte seit 1931 bis zu seinem Tod wenige Schritte vom Institut entfernt in der Dienstvilla in der Garystraße 18. Er hatte nach dem Ersten Weltkrieg zunächst in der Lichterfelder Ringstraße 70 gewohnt. 1931 erhielt Warburg den Nobelpreis für die Entdeckung der Natur und der Funktion des Atmungs-

*Freitreppe des Warburg-Hauses mit Bronzeplastik Emil Fischers (13.5.2016)*

ferments. Im weitläufigen Garten des Institutsgebäudes ließ Warburg 1952 eine überlebensgroße Bronzeplastik seines Doktorvaters, des Chemikers und Nobelpreisträgers Emil Fischer aufstellen, die Richard Scheibe geschaffenen hatte.

## *Kaiser-Wilhelm-Institute außerhalb von Dahlem*

Doch neben dem Standort Berlin-Dahlem wurden auch andernorts Kaiser-Wilhelm-Institute gegründet. Das KWI für Kohlenforschung entstand 1912 in Mülheim an der Ruhr. 1913 gliederte man die Bibliotheca Hertziana in Rom in die KWG als Institut für Kunstgeschichte ein. 1914 wurde das KWI für Hirnforschung in Berlin-Buch und 1917 die Institute für Psychiatrie in München und für Eisenforschung in Aachen gegründet.

Am 1. Oktober 1917 nahm das KWI für Deutsche Geschichte seine Arbeit in der Akademie der Wissenschaften, Unter den Linden 38 auf. Seit 2008 ist es in Göttingen angesiedelt.

1921 nahmen die KWI für Metallforschung in Neubabelsberg und für Lederforschung in Dresden ihre Arbeit auf. 1924 kamen das KWI für Strömungsforschung in Göttingen und 1929 die Institute für Züchtungsforschung in Müncheberg und für medizinische Forschung in Heidelberg hinzu.

Das 1924 gegründete KWI für ausländisches öffentliches Recht und Völkerrecht war bis 1945 im Berliner Schloss untergebracht. Nur die Institutsbibliothek befand sich ab 1946 in der Boltzmannstraße 3. Es zog 1960 als Max-Planck-Institut nach Heidelberg um.

1937 kam es zu Errichtung der KWI für Biophysik in Frankfurt am Main und für tierische Ernährungsforschung und Tierzüchtung in Rostock und auf dem Versuchsgut Dummerstorf, 1938 für Bastfaserforschung in Sorau (Niederlausitz).

Die beiden letzten Einrichtungen der KWG waren die Institute für landwirtschaftliche Arbeitswissenschaft 1940 in Breslau und für Kulturpflanzenforschung 1943 in Tuttenhof bei Wien.

Wie auch am Standort Dahlem änderten einige dieser Institute ihren Namen oder ihre wissenschaftlichen Zuschnitte, zogen in andere Gebäude oder Städte um, lösten sich auf oder wurden nach 1948 von der Max-Planck-Gesellschaft übernommen.

## Die Kirchen

Das Pfarrhaus wurde 1909/10 von Heinrich Straumer (wohnhaft in Nikolassee) in der Pacelliallee 61 errichtet. Es war nötig geworden, nachdem Dahlem zum 30. Juni 1908 nicht mehr zu den Kirchengemeinden Wilmersdorf und Schmargendorf gehörte und mit Pfarrer Gelfert einen eigenen Seelsorger hatte. Er bezog den Neubau am 15. März 1910 und blieb bis zu seinem Tod 1921 im Amt. Seit 1708, also seit genau 200 Jahren, hatte diese Union bestanden. Das Pfarrhaus dient seit 1981 als »Friedenszentrum Martin Niemöller Haus« und wird von verschiedenen Organisationen genutzt. In den Jahren 2016/17 war eine umfangreiche und teure Sanierung notwendig.

Für die vielen neuen Bewohner Dahlems wurde die Dorfkirche bald viel zu klein. Deshalb musste man für die Gottesdienste einen Saal im 1909 eröffneten Paulinum nutzen. Ein stattliches Gemeindehaus gegenüber der Dorfkirche nach Plänen von Jessen konnte am

*Pfarrhaus an der Pacelliallee*

26. November 1927 eingeweiht werden. Einen für den Kirchenneubau ausgeschriebenen Architektenwettbewerb hatte Heinrich Straumer zwar 1914 gewonnen, doch konnte wegen des Ausbruchs des Ersten Weltkrieges nicht mit dem Bau begonnen werden. Nach einem neuerlich veranstalteten Wettbewerb entstand schließlich 1930/31 die Jesus-Christus-Kirche samt zweitem Pfarrhaus nach Plänen von Jürgen Bachmann an der Hittorfstraße 23/Faradayweg 13. Der Grundstein wurde am 18. Oktober 1930 gelegt und am 20. Dezember 1931 konnte der Neubau eingeweiht werden.

Wegen der außerordentlich guten Akustik nutzten die Berliner Philharmoniker die Kirche nach dem Zweiten Weltkrieg als Konzertsaal, da die alte Philharmonie zerstört worden war. Gelegentlich werden in dem Gotteshaus auch heute noch Aufnahmen von klassischer Musik gemacht. Der 44 Meter hohe Turm, ein Wahrzeichen von Dahlem, musste 1953 in seiner Innenkonstruktion erneuert werden. Die 26 Zentner schwere Glocke stürzte herab und durchschlug dabei alle sieben Zwischendecken. Die Christus-Figur über dem Eingang stammt vom Ludwig Isenbeck.

*Die evangelische Jesus-Christus-Kirche (links) von 1931 und die katholische St. Bernhard-Kirche von 1934.*

Drei Jahre später bekamen auch die Dahlemer Katholiken ihre eigene Kirche, deren Turm dem der evangelischen Kirche sehr ähnlich ist. Zuvor hatte man die Kapelle des Säuglingsheimes in der Lentzeallee 12/14 genutzt. Die St. Bernhard-Kirche in der Königin-Luise-Straße 33 entstand in den Jahren 1932 bis 1934 nach Plänen des Architekten Wilhelm Fahlbusch.

## *Andere kirchliche Gebäude*

Neben den Kirchen gab es noch einige kirchliche Einrichtungen. Graf Leopold Sedlnitzky von Choltitz, 1836 bis 1840 Bischof von Breslau, hatte 1862 in Berlin eine Pensions-Anstalt für evangelische Gymnasiasten gegründet, »welche neben einem in der zerstreuenden großen Stadt so wichtigen wohlgeordneten und christlichen Familienleben auch Förderung für ihre Studien erhalten sollen«.[43] Das Wohnheim nannte sich später Paulinum.

*Das Paulinum (26.1.2016)*

Es eröffnete am 1. Mai 1909 am Reichensteiner Weg 24–26/Altensteinstraße 51 einen Neubau. Hier war auch der Zentral-Ausschuss für die Innere Mission der deutschen evangelischen Kirche untergebracht. Das Paulinum wurde nach dem Ersten Weltkrieg geschlossen.

1913 entstanden zwei Einrichtungen für Mädchen: In der Goßlerstraße 4 befand sich das Mariannenhaus, eine »Anstalt für gefährdete und gefallene Mädchen« (heute Konfuzius-Institut der FU). Das Gebäude für den »Evangelische(n) Verband für die weibliche Jugend Deutschlands« wurde am 7. Juni 1913 im Rudeloffweg 27 eingeweiht. Initiator des sogenannten Burckhardthauses war Pfarrer Johannes Burckhardt, der bis 1903 Pfarrer an der Versöhnungskirche war. Er starb am Abend des 27. Januars 1914 in Dahlem an einem Herzschlag[44] und wurde anschließend auf dem Friedhof an der Königin-Luise-Straße beigesetzt.

Das Burckardthaus nutzt die FU heute u.a. mit zwei Abteilungen der Universitätsverwaltung, dem FU-Personalrat und der Vertretung der Schwerbehinderten.

*Grab von Harald Juhnke (12.6.2013)*

## Der Waldfriedhof Dahlem

Anfang der 1930er-Jahre reichten die Friedhofsflächen in der Königin-Luise-Straße nicht mehr aus und so legte man ab 1931 am Hüttenweg 47 den Waldfriedhof Dahlem an, der Ende Januar 1932 eingeweiht wurde. Die Kapelle stammt von Heinrich Schweitzer. Einer der ersten, der hier bestattet wurde, war Otto Pniower. Der Direktor des Märkischen Museums war am 17. März 1932 an einer Lungenenzündung gestorben.[45] Hier sind u. a. bestattet: der Bundespräsident Richard von Weizsäcker, der Arzt und Lyriker Gottfried Benn, der Schlagersänger Bully Buhlan, der Schriftsteller Erich Mühsam, der Komponist Werner Eisbrenner, die Schauspieler O.E. Hasse und Blandine Ebinger, der Entertainer Harald Juhnke, der Kritiker Friedrich Luft sowie die Brücke-Maler Karl Schmidt-Rottluff (wohnte Schützallee 136) und Max Kaus.

# DAHLEM UNTERM HAKENKREUZ

Die Verelendung breiter Massen infolge der Weltwirtschaftskrise ab 1929 war ein Nährboden für radikale politische Parteien von links und rechts. Ursachen der Krise waren ein Börsencrash, eine Bankenkrise und die Überproduktionen, denen nicht ausreichend zahlungskräftige Kunden gegenüberstanden. Es wurde kaum noch gebaut, der Handel stagnierte und die Arbeitslosenzahlen stiegen. Das Vertrauen der Menschen in die parlamentarische Demokratie war erschüttert. Bei der Reichstagswahl am 20. Mai 1928 erhielt die NSDAP in Zehlendorf 1,8 Prozent der Stimmen (Berlin: 1,6 Prozent). Bei der Wahl am 6. November 1932 waren es schon 29,4 Prozent (Berlin: 26 Prozent) und bei der Wahl am 5. März 1933 erreichte die NSDAP in Zehlendorf gar 39,1 Prozent (Berlin: 34,6 Prozent). Durch die Notverordnung vom Februar und das Ermächtigungsgesetz vom März 1933 sicherten die Nazis ihre Macht. Bald war Zehlendorf – ebenso wie alle Teile des Reiches – mit einem Netz von Parteistellen überzogen, untergliedert in Ortsgruppen, Zellen und Blockwarte.

## Die Verfolgung der Juden

Die jüdischen Bewohner von Dahlem bekamen bald den Rassenwahn des Regimes zu spüren. Man drängte sie erst aus ihren Berufen, dann aus ihren Häusern, um sie anschließend zu verschleppen und zu ermorden. Viele wählten den Freitod. Hier können nur wenige Schicksale skizziert werden.

Diejenigen, die bereits ahnten was auf sie zukam, verließen Deutschland rechtzeitig. So emigrierte der Journalist und Redakteur Dr. Gustav Stolper aus der Englerallee 25 schon im Juli 1933 in die USA. Das Haus bewohnte später Heinz Junk, Generaldirektor a. D. der Nationalen Automobil-Gesellschaft. Heute ist es die Residenz der Botschafters von Ungarn.

Die Familie Fuchs aus der Schweinfurthstraße 90 flüchtete 1939 nach Schweden. Bernhard Einzig, der in Berlin eine Kleiderfabrik betrieb, ließ sich zu Beginn der 1920er-Jahre in der Hittorfstraße 16 eine Villa errichten. Er und seine Frau Eugenie tauchten Anfang der 1940er-Jahre unter. Bei einem Fluchtversuch in die Schweiz wurde er im Juli 1943 festgenommen. Seine Frau entkam und überlebte den Holocaust. Bernhard Einzig wurde am 4. August 1943 mit dem 95. Alterstransport in das KZ Theresienstadt deportiert und dort im Dezember 1943 ermordet. Das Haus Einzig wird heute von der Dahlem Research School der FU genutzt.

Der Rechtsanwalt Dr. Ernst Hagelberg lebte mit seiner Familie in der Schwendener Straße 46. 1936 wurden sie gezwungen, ihr Haus für 48.000 Reichsmark an den Reichsbahndirektor Dr. Wilhelm Wechmann zu verkaufen. Die Hagelbergs mussten mehrfach umziehen, bis sie am 19. Oktober 1942 vom Bahnhof Putlitzstraße deportiert und drei Tage später in einem Ghetto bei Riga ermordet wurden. Die 1939 in die USA geflüchtete Tochter bekam das Haus 1956 zurück und verkaufte es.

Das Haus, das sich Erna Levy 1923 Auf dem Grat 43 errichten ließ, musste sie im April 1939 verkaufen. Am 3. März 1943 wurde sie mit ihrer Familie vom Bahnhof Moabit mit 1.732 Menschen nach Auschwitz deportiert. Dort verliert sich ihre Spur. Das Haus bezog der Arzt Dr. Curt Schatz.

Der Kaufmann Ignatz Thoman kaufte sich 1923 das Grundstück Koserstraße 21 und bebaute es mit einer Villa. Er starb 1939. Seine Frau Franziska wurde ein Jahr später zum Verkauf gezwungen, musste das Haus verlassen und bei ihrer Nichte unterkommen. Von dem Verkaufspreis von 86.000 Reichsmark hatte sie nichts. Sie wurde am 26. Oktober 1943 in das Frauen-KZ Ravensbrück eingeliefert und dort am 8. Februar 1945 ermordet. Das Haus wurde im August 1940 auf das Deutsche Reich übertragen und 1942 von SS-Obergruppenführer Oswald Pohl bezogen. Pohl war Leiter des SS-Wirtschafts-Verwaltungshauptamtes in Lichterfelde. Er ließ die Villa von KZ-Häftlingen umbauen. Wegen seiner Verbrechen wurde im Juni 1951 in der Haftanstalt Landsberg am Lech hingerichtet. Seit 1969 nutzt die FU das Haus, in dem heute der Forschungsverbund SED-Staat untergebracht ist.

Am Platz am Wilden Eber (Rheinbabenallee 49) hatte sich der Textilkaufmann Emil Milch 1923 eine respektable Villa errichten lassen.

*Villa Milch am Platz am Wilden Eber (27.2.2016)*

Er wurde am 20. März 1945 in Sachsenhausen ermordet. Vom Oktober 2006 bis Sommer 2015 hatte die FU hier das Frankreich-Zentrum und Italien-Zentrum untergebracht. Die Villa wurde von der Universität im August 2015 an die Berliner Immobilienmanagement GmbH zurückgegeben, nachdem für beide Zentren Räume in der Silberlaube zur Verfügung standen.

Andere Juden nahmen sich das Leben. Der Jurist Dr. Arthur Zarden wohnte in der Goßlerstraße 21 und arbeitete als Staatssekretär im Reichsfinanzministerium. Am 31. März 1933 versetzte man ihn als Jude unter Berufung auf §6 des Gesetzes zur Wiederherstellung des Berufsbeamtentums in den Ruhestand. Am 12. Januar 1944 wurde Zarden verhaftet, weil er sich negativ über die militärisch aussichtslose Lage geäußert hatte. Da er seine persönliche Lage ebenfalls als aussichtlos einschätzte, nahm er sich am 18. Januar durch einen Sprung aus dem Fenster das Leben.

Ludwig Fulda, einer der meistgespielten Bühnenautoren seiner Zeit, wohnte in der Miquelstraße 86. Noch 1932 hatte er die Goethe-Medaille für Kunst und Wissenschaft erhalten, aber bereits ein Jahr später schloss man ihn aus der Sektion für Dichtkunst der Preußischen Akademie der Künste aus und belegte ihn 1935 mit Publikationsverbot. Trotzdem kehrte er 1937 von einem Besuch in den USA nach Deutschland zurück. Als er seinen Fehler erkannte, bekam er für die USA keine Aufenthaltserlaubnis mehr. Er nahm sich am 30. März 1939 das Leben.

Bianka Irma Hamburger wohnte in ihrem Haus in der Englerallee 6. Sie war Verwaltungsleiterin des Jüdischen Krankenhauses und in vielen Positionen in der Jüdischen Reformgemeinde engagiert. Sie musste das Haus verkaufen und in die Lankwitzer Mozartstraße 22 umziehen. Dort unternahm sie am 2. September 1942 einen Selbstmordversuch, um der Deportation zu entgehen. Sie starb nach ihrer Einlieferung im Jüdischen Krankenhaus, wohin täglich halbtote Suizidopfer gebracht wurden. In dem Haus wohnten auch Martin Meirowsky und Friedrich Rosenthal, die am 14. Januar 1943 bzw. am 12. April 1943 ebenfalls in den Tod getrieben wurden.

Herbert Treff, der bis 1943 Bezirksbürgermeister von Steglitz war, konnte das Haus Englerallee 6 1941 weit unter dem Verkehrswert erwerben. Er war überzeugtes Parteimitglied und Obersturmbannführer der SS. Soldaten der Roten Armee sollen ihn und seine Familie am 26. April 1945 im Keller des Haus erschlagen haben, wo anlässlich seines Geburtages – trotz der ringsum tobenden Straßenkämpfe – ein Umtrunk stattfand.[46]

## *Die private Waldschule Kaliski*

Seit Anfang 1936 existierte für rund drei Jahre Im Dol 2–6 eine jüdische Privatschule. Sie war von Charlotte Kaliski am 7. April 1932 in Eichkamp eröffnet worden. Die Ganztagsschule besuchten Jungen und Mädchen aller Konfessionen. Schulleiter und Konzessionsträger wurde Heinrich Selver. Beide hatten 1931 unabhängig voneinander ihr Mittelschullehrerexamen gemacht. Der Standort wechselte zweimal, bis man auf das Grundstück direkt am U-Bahnhof Podbielskiallee umzog. Das Haus war 1910 vom Chemieindustriellen Bernhard Lepsius gebaut worden, seit 1919 gehörte es dem jüdischen Röhrenfabrikanten Karl Valentin.

Als immer mehr jüdische Schüler von den staatlichen Schulen verwiesen wurden, wandelte sich die Dahlemer Einrichtung nach und nach in eine rein jüdische Schule, die bis zu 600 Schüler aufnahm.

Das Curriculum orientierte sich an Kenntnissen, die man bei einer Emigration brauchen konnte: Religions- und Palästinakunde, Hebräisch, Englisch und praktischer Unterricht wie Gartenbau, Hauswirtschaft und Werkunterricht. Zusätzlich bereitete man die Schüler auf englische und amerikanische Examen vor. Obwohl das Grundstück durch Mauern und hohe Hecken gut abgeschirmt war, beschwerte sich der gegenüber wohnende Paul Brinckmann, (Podbielskiallee 46) als Schatzmeister der Deutschen Arbeitsfront bei der Baupolizei über die Schule, die den Wert seines Grundstückes mindern würde. Auch die Dahlemer Ortsgruppe der NSDAP hinterfragte der Notwendigkeit dieser Schule, zumal Dahlem »jetzt schon mit Juden geradezu überschwemmt ist«.[47]

Dennoch erlaubte der Reichserziehungsminister die vorläufige Weiterführung der Schule. Charlotte Kaliski und Heinrich Selver emigrierten im August 1938 in die USA, die Schule wurde Ende März 1939 geschlossen. 40 Schüler und vier Lehrer wurden später Opfer des Holocaust. Anschließend richtete das Auswärtige Amt hier eine Nachrichtenzentrale mit Sende- und Empfangsstationen ein. Nach 1945 übernahm das Deutsche Rote Kreuz die Gebäude, bevor darin die Außenstelle Logopädie des Steglitzer Klinikums einzog. Seit 1995 ist hier die Eurasienabteilung des Deutschen Archäologischen Instituts beheimatet.

## *Der Exodus der Wissenschaftler*

Bereits im ersten Halbjahr 1933 wurden an den Hochschulen Fragebögen ausgegeben, um die Abstammung von Dozenten und Studierenden zu ermitteln. Gleichzeitig rief die nationalsozialistische Berliner Studentenschaft im Mai 1933 dazu auf, Lehrveranstaltungen jüdischer Dozenten zu boykottieren.

Auch in den KWI setzten die Verfolgungen ein. Die Direktoren wurden aufgefordert, jüdische Mitarbeiter zu entlassen. Fritz Haber war dazu nicht bereit. In einem Brief an den preußischen Minister für Wissenschaft, Kunst und Volksbildung mit Datum vom 30. April 1933 erklärte er seinen Rücktritt vom Amt des Institutsdirektors und bat um Versetzung in den Ruhestand. Das war ein Paukenschlag, der auch im Ausland wahrgenommen wurde. Umsonst! Bis Juni 1933 sah sich die KWG genötigt 19 von 27 Assistenten zu entlassen. Albert Einstein kehrte nach der Machtübernahme von einer USA-Reise nicht mehr zurück und Lise Meitner flüchtete 1938 nach Schweden.

Carl Neuberg, der seit 1913 die chemische Abteilung des KWI für experimentelle Therapie und Biochemie geleitet hatte, wurde für seine Forschungen über die Wirkung von Enzymen mehrfach für den Nobelpreis nominiert. Doch dazu sollte es nicht mehr kommen: Seine jüdische Herkunft reichte den Nationalsozialisten, ihn zu entlassen. Er emigrierte 1939 nach New York.

Nach den Nürnberger Gesetzen wurde Otto Warburg als Halbjude eingestuft. Deshalb wurde er 1941 als Institutsdirektor abgesetzt. Der Leiter des Reichskanzlei Philipp Bouhler sorgte aber dafür, dass er weiterarbeiten konnte. Man hielt seine Forschungsarbeiten zur Krebserkrankungen, die der Professor mit einer Stoffwechselentgleisung erklärte, für unverzichtbar. Göring machte aus Warburg kurzerhand einen Vierteljuden. 1942 wurde seinem Antrag auf »Gleichstellung mit Deutschblütigen« stattgegeben und das Institut als Wehrwirtschaftsbetrieb eingestuft.

Wilhelm Traube, Professor am Dahlemer pharmazeutischen Institut der Berliner Universität, wurde 1934 beurlaubt. Acht Jahre später sollte er wegen seiner jüdischen Abstammung aus seiner Wohnung in der Sybelstraße 61 deportiert werden. Da er nicht öffnete, brach die Gestapo am 11. September 1942 morgens die Wohnungstür auf. Nach der offiziellen Version, die auch auf dem Stolperstein steht, starb er am 28. September an den Folgen von Misshandlungen und Schlägen im Gefängnis. Nach Frömming und Borchert traten Angehörige der SS »die Tür ein, zerrten den 76-jährigen Junggesellen aus seinem Arbeitszimmer und erschlugen ihn«.[48] Otto Hahn hatte sich zuvor vergeblich für ihn eingesetzt.

Auch Traubes Institutskollegen, dem jüdischstämmigen Prof. Maximilian Ehrenstein, wurde am 8. Dezember 1933 die Lehrbefugnis entzogen. Er flüchtete Ende 1934 in die USA.

Einige Wissenschaftler, die keine Verfolgung zu befürchten hatten, waren nicht bereit, mit den neuen Machthabern gemeinsame Sache zu machen. Prof. Theodor Sabalitschka, auch am pharmazeutischen Institut tätig, machte aus seiner Abneigung gegen die neuen Machthaber keinen Hehl. Er flaggte nicht an NS-Feiertagen, verweigerte den Eid auf Hitler und war für den Blockwart nie zu sprechen. 1935 wurde

*Ehemaliges Wohnhaus von Otto Hahn (6.5.2016)*

ihm zwar die Lehrbefugnis entzogen, er konnte aber weiter in der Forschung tätig sein.

Otto Hahn, der in der Altensteinstraße 48[49] wohnte, kümmerte sich ebenso um Inhaftierte wie Max von Laue. Dieser wandte sich offen gegen die Absurdität einer von den Nazis propagierten »deutschen, rassischen Physik«, die sich gegen jüdische Wissenschaftler richtete.

## Die Kaiser-Wilhelm-Gesellschaft

Das KWI für Physik und Astrophysik war bereits 1917 gegründet worden. Doch erst zwischen 1935 und 1937 entstand nach Plänen von Carl Sattler in der Boltzmannstraße 16/20 ein eigenständiges Institutsgebäude. Finanziert wurde es mit Mitteln der amerikanischen Rockefeller-Foundation. Es wurde zum Zentrum physikalischer Spitzenforschung und bis 1932 von Albert Einstein geleitet. Hier forschten die Nobelpreisträger Max von Laue (1914 für Physik), Werner Heisenberg (1932 für Physik) und Peter Debye (1936 für Chemie) auf dem Gebiet

*Ehemaliges KWI für Physik mit Hochspannungsturm*

der Molekular- und Atomphysik. An diesem Ort fanden auch die ersten Großversuche Deutschlands zum Bau eines Kernreaktors statt.

Hatte man bisher hauptsächlich theoretische Forschungen betrieben, dienten die neuen Gebäude aufwendigeren Experimenten mit entsprechender apparativer Ausstattung. Für Untersuchungen mit sehr großen elektrischen Spannungen und tiefsten Temperaturen waren voneinander getrennte bauliche Einrichtungen zwingend erforderlich. So konnte man beispielsweise im Kältelaboratorium Temperaturen von bis zu –270 Grad erzeugen. Die dafür notwendige Verflüssigung von Stickstoff, Helium und Wasserstoff barg eine Explosionsgefahr, die ein separates Gebäude nötig machte. In einem extra errichteten Hochspannungsturm konnte man 2,8 Millionen Volt erzeugen. Wegen der dabei entstehenden starken Gamma-Strahlung waren als Strahlungsschutz speziell dimensionierte Außenmauern nötig. Zum Bauensemble des Instituts gehörte auch die von Sattler entworfene Villa in der Harnackstraße 5. Sie lag direkt hinter dem Institut und wurde bis 1939 von dessen Direktor Peter Debye bewohnt. Das Anwesen umfasste Garage, Garten und Schwimmbad. Traditionell waren Ess-, Wohn- und

*Otto Hahn und Lise Meitner bei der Arbeit*

Musikzimmer im Erdgeschoss angeordnet. In der oberen Etage befanden sich Schlafzimmer und Bäder, im Dachgeschoss Fremdenzimmer und Wirtschaftsräume für das Personal. Als das Regime von dem Niederländer die Annahme der deutschen Staatsbürgerschaft verlangte, emigrierte Debye Ende Januar 1940 in die USA, um eine Gastprofessur an der privaten Cornell University, Ithaca/New York wahrzunehmen. Sein Haus ist zwar in der äußeren Gestalt weitgehend erhalten, aber ab 1949 für die Nutzung durch die FU im Inneren verändert worden.

Otto Hahn und Fritz Straßmann war im KWI für Chemie am 17. Dezember 1938 weltweit die erste Uranspaltung durch Beschuss mit Neutronen gelungen. Auch der Physiker Carl Friedrich von Weizsäcker hatte seit 1936 an diesen Projekten ebenenso mitgewirkt wie Lise Meitner. Sie kam zunächst als Gastforscherin ins Institut und musste bis zum Herbst 1913 ohne Gehalt arbeiten. Ihr »wurde zwar schon 1919 der Professorentitel verliehen, sie konnte sich aber erst 1922, nachdem Frauen in Preußen 1920 endlich das Habilitationsrecht bekommen hatten, als die zweite Privatdozentin für Physik in Deutschland habilitieren«.[50]

Meitner hatte in der Direktorenvilla des KWI für Chemie eine Wohnung, wie auch ihr Kollege Kurt Hess, der eine Abteilung für Zellulosechemie gegründet hatte. Die Villa stand bis zur Zerstörung im Zweiten Weltkrieg auf dem jetzigen Parkplatz (Thielallee 67/Van't-Hoff-Straße).

Otto Hahn nannte seine Kollegin »Lieschen« und »Lieschen« nannte ihn »Hähnchen«. Ihre Zusammenarbeit hatte bereits 1907 nach der Habilitation Hahns begonnen. Trotz der vielen vorbereitenden Arbeiten konnte Lise Meitner bei der weltberühmten Kernspaltung gar nicht mehr dabei sein. Ihrer jüdischen Abstammung wegen flüchtete sie am 13. Juli 1938 ins Exil nach Schweden. Otto Hahn, der sich immer geweigert hatte, der NSDAP beizutreten, half ihr dabei. Aufgrund des Anschlusses an Österreichs galt Meitner nicht mehr als geschützte Ausländerin. Am 1. Oktober ließ sie sich auch als Abteilungsleiterin am KWI für Chemie emeritieren.

Da sie aber von Otto Hahn brieflich über die Experimente informiert wurde, erarbeitete sie gemeinsam mit ihrem Neffen Otto Frisch eine kernphysikalische Deutung der Ergebnisse und veröffentlichte sie im Februar 1939 in der englischen Fachzeitschrift *Nature.*

## *Das KWI für Anthropologie, menschliche Erblehre und Eugenik*

Das KWI für Anthropologie, menschliche Erblehre und Eugenik missbrauchten die Nationalsozialisten als vermeintlich wissenschaftliche Grundlage für ihren Rassenwahn. Es wurde im September 1927 unter dem Mediziner Eugen Fischer als Direktor eingeweiht. Sein Arbeitsgebiet, die Erforschung menschlicher Rassen, wollten die Nationalsozialisten ab 1933 für ihre Zwecke instrumentalisieren. Doch Fischer war nicht bereit, seine wissenschaftlichen Forschungsergebnisse der Parteiideologie anzupassen. Er hielt eine geordnete Rassenkreuzung für geboten, verneinte aber die NS-These von der Überlegenheit einer nordischen Rasse. Obwohl er die angebliche Minderwertigkeit der Juden für wissenschaftlich nicht nachweisbar hielt, sorgte er als Rektor der Berliner Universität für die Entlassung vieler jüdischer Wissenschaftler. Die neuen Machthaber »übersahen« seine abweichenden Standpunkte, weil sie den international anerkannten Forscher als wissenschaftliches Aushängeschild nutzen wollten. Fischer blieb zwar bei seinen Thesen, war aber bemüht deswegen keinen Bruch mit dem Regime zu provozieren.

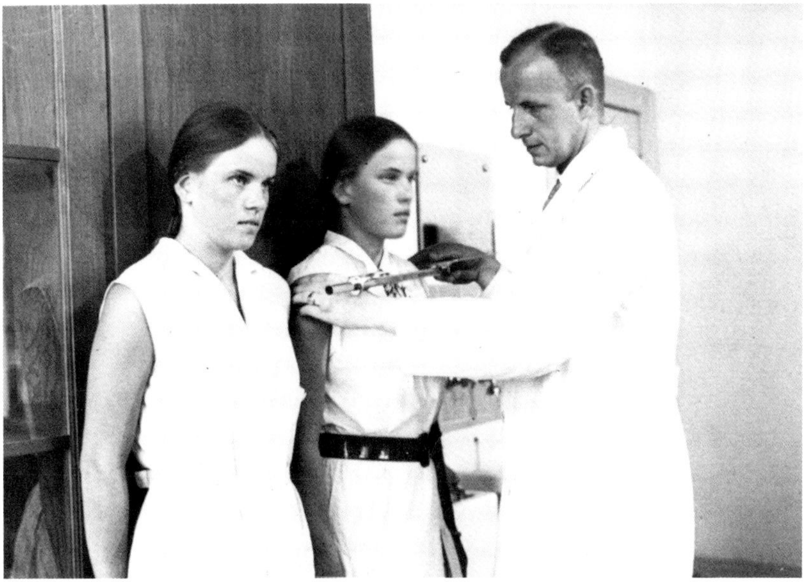

*Freiherr von Verschuer beim Vermessen von Zwillingen*

Erstens wollte er die Fortführung seiner Forschungen nicht gefährden, zweitens war er zufrieden, dass die neue Regierung die Dringlichkeit bevölkerunspolitischer Maßnahmen erkannt hatte. Sein Institut führte z. B. Schulungen für Ärzte durch. Als Richter am Erbgesundheitsgericht und Generalarzt für rassenbiologische Fragen fertigte er Sterilisations- und Rassegutachten an. Fischer wurde 1940 Mitglied der NSDAP und ging 1942 mit 68 Jahren in den Ruhestand. Er starb 1967 in Freiburg im Alter von 93 Jahren. Er sah sich zeitlebens in keiner Verantwortung, denn die Nationalsozialisten hätten die Eugenik missbraucht. Dass er an diesem Missbrauch aktiv mitgewirkt hatte, wollte er nicht erkennen.

Sein Nachfolger am Institut wurde sein Wunschkandidat, Otmar Freiherr von Verschuer. Er hatte schon früher an diesem Institut gearbeitet, war aber 1935 als Professor an die Frankfurter Universität gegangen. Von Verschuer trat sein Amt am 1. Oktober 1942 an. Schon am 1. Juli 1940 war er in die Partei eingetreten, wohl um seine erhoffte Berufung nach Dahlem nicht zu gefährden. Dennoch war er sowohl in Frankfurt als auch in Berlin ein aktives und engagiertes Gemeindemitglied der Bekennenden Kirche.

Seit sein ehemaliger Assistent und Doktorand Josef Mengele ab Mai 1943 KZ-Arzt in Auschwitz war, kam es zu einer Kooperation mit dem Institut in Dahlem. Mengele schickte von Oktober 1943 bis März 1944 rund 200 Blutproben von Menschen verschiedener »rassischer« Zugehörigkeit aus dem Lager. Mithilfe von Eiweißkörpern sollte vermutlich ein biochemischer »Rassetest« entwickelt werden.

Eugen Fischer hatte die Biologielehrerin Karin Magnussen 1941 als Stipendiatin ans Institut geholt. Sie war schon seit 1931 Parteimitglied und beschäftigte sich hier mit der Augenfarbe im Zusammenhang mit Fragen der Vererbungslehre. Zunächst experimentierte sie mit den Augen von Kaninchen, später erhielt sie mindestens 40 Augenpaare ermordeter Häftlinge aus Auschwitz oder von Menschen, die die Gestapo hatte hinrichten lassen.

Im Februar 1945 verlegte man das Institut zunächst nach Solz bei Bebra, später nach Frankfurt am Main. Kurz vor Kriegsende vernichtete von Verschuer sämtliche Unterlagen seiner Blutuntersuchungen. Das legt den Schluss nahe, dass er sich über die Herkunft der Proben im Klaren war. Verschuer wurde 1946 als Mitläufer eingestuft, war von 1951 bis 1965 Professor für Humangenetik in Münster und starb am 8. August 1969 an den Folgen eines Autounfalls. An sein verhängnisvolles Wirken erinnert heute eine Tafel neben dem Eingang des Institutsgebäudes.

Mengele setzte sich 1948 nach Südamerika ab und starb dort 1979. Karin Magnussen arbeitete nach dem Krieg wieder als Biologie-Lehrerin in Bremen. In ihrem anschaulichen Unterricht ließ sie auch die Augen von Schülern vermessen. Hochbetagt weigerte sie sich von Altenpflegern mit dunkler Hautfarbe versorgen zu lassen.

Die amerikanische Militärregierung übergab das Haus der FU, die hier erst die Juristen, dann die Romanisten und das Studentenwerk unterbrachte. Seit 1975 wird es von den Politologen des Otto-Suhr-Instituts genutzt.

## *Die KWG und ihre Nobelpreisträger*

In den Instituten der KWG versammelten sich alsbald etliche Nobelpreisträger. Die Dichte von rund einem Dutzend Preisträgern mag für Deutschland außergewöhnlich sein, doch im internationalen Vergleich relativiert sich die Zahl. Seit 1904 erhielten Wissenschaftler der Universität von Cambridge nach eigenen Angaben 92 Nobelpreise (29 in Physik, 26 in Medizin, 22 in Chemie, zehn in Wirtschaftswissenschaften, drei in Literatur und zwei für den Frieden).[51]

Die ersten beiden Nobelpreisträger für Chemie, van't Hoff und Fischer, erhielten ihre Auszeichnungen lange vor Gründung der KWG.

Jacobus Henricus van't Hoff wurde 1896 an die Universiät nach Berlin und die Preußische Akademie der Wissenschaften berufen. Er erhielt 1901 den ersten Nobelpreis für Chemie für die Entdeckung der Gesetze der chemischen Dynamik (Reaktionskinetik) und des osmotischen Druckes in Lösungen. Doch er starb bereits 48 Tage nach Gründung der KWG. In den letzten Lebensmonaten wohnte er in der Steglitzer Filandastraße 9. Von dort war es nicht weit zu seinem neuen Labor in Dahlem. Auf einem ihm zur Verfügung gestellten Grundstück ließ er auf eigene Kosten ein einfaches Blockhaus errichten, da es noch kein Institutsgebäude gab.

Emil Fischer wurde 1892 an die Berliner Universtät berufen (Hessische Straße). 1902 erhielt er den zweiten Chemie-Nobelpreis für bahnbrechende Arbeiten auf dem Gebiet der Zuckerchemie. Fischer gilt als Mitbegründer der Biochemie. Am 15. Juli 1919 setzte er seinem Leben durch Einnahme von Zyankali ein Ende. Vermutlich war er durch die Verwendung des giftigen Phenylhydrazins unheilbar an Krebs erkrankt. Emil Fischer wurde in einem Ehrengrab auf dem Friedhof Wannsee, Lindenstraße, beigesetzt.

Max von Laue erhielt den Physik-Nobelpreis 1914 für seine Entdeckung der Beugung von Röntgenstrahlen beim Durchgang durch Kristalle. Seine Tätigkeit am KWI für Physik begann er aber erst 1919. 1951 wurde von Laue Direktor am Fritz-Haber-Institut der MPG in Dahlem und starb 1960 bei einem Autounfall auf der Avus.

Die nächsten beiden Chemie-Nobelpreise gingen an Wissenschaftler während ihrer Tätigkeit in der KWG. Richard Willstätter erhielt die Auszeichnung 1915 für seine Erforschung des Chlorophylls und Fritz Haber 1918 für die Synthese von Ammoniak.

Ebenfalls 1918 erhielt Max Planck den Physik-Nobelpreis für seine Quantentheorie. Er war 1889 an die Berliner Universität berufen worden und wurde 1916 Senator der KWG. 1930–37 war er deren Präsident. Er starb 1947 in Göttingen mit 89 Jahren. Die frühere KWG trägt seit 1948 seinen Namen (Max-Planck-Gesellschaft).

*Max von Laue im Oktober 1954*

Das 1917 gegründete KWI für Physik wurde bis 1932 von Albert Einstein geleitet. Er erhielt 1921 den Physik-Nobelpreis für die Entdeckung des Gesetzes des photoelektrischen Effekts.

Der Biochemiker Otto Meyerhof erhielt zusammen mit Archibald Vivian Hill 1922 den Nobelpreis für Medizin. Die Auszeichnung galt der Entdeckung des Verhältnisses zwischen Sauerstoffverbrauch und Milchsäureproduktion im Muskel. Erst 1924 wurde er von Kiel zur KWG berufen,[52] ging aber schon 1929 an das KWI für medizinische Forschung in Heidelberg.

Der Physiker James Franck wurde 1918 Leiter der Abteilung Physik am KWI für Physikalische Chemie, aber bereits 1920 an die Universität Göttingen berufen. 1925 erhielt er gemeinsam mit Gustav Ludwig Hertz den Physik-Nobelpreis für die Entdeckung der Gesetze, die bei dem Zusammenstoß eines Elektrons mit einem Atom herrschen.

Der Chemiker Carl Bosch wurde ab 1920 Senator der KWG. 1931 erhielt er mit Friedrich Bergius (Heidelberg) den Chemie-Nobelpreis für die Entwicklung der chemischen Hochdruckverfahren, z.B. der Herstellung von Dieselöl aus Kohle und Wasserstoff oder die Umwandlung von Holz in Zucker. 1937 wurde Bosch als Nachfolger von

*Werner Heisenberg 1933*

Max Planck Präsident der KWG. Er starb am 26. April 1940 in Heidelberg.

Ebenfalls 1931 erhielt Otto Warburg den Medizin-Nobelpreis für die Entdeckung der Natur und der Funktion des Atmungsferments. Im gleichen Jahr bekam er seine eigene Forschungseinrichtung, das KWI für Zellphysiologie.

Der Physiker Werner Heisenberg wurde 1927 mit 26 Jahren Professor in Leipzig. 1932 erhielt er den Physik-Nobelpreis für die Begründung der Quantenmechanik. Von 1941 bis 1945 leitete Heisenberg das KWI für Physik in Dahlem und lehrte außerdem an der Berliner Universität.

Der Zoologe Hans Spemann arbeitete von 1914 bis 1919 als Direktor des KWI für Biologie. Er ging später nach Freiburg, blieb aber von 1927 bis zu seinem Tod 1941 »Auswärtiges Wissenschaftliches Mitglied« der KWG in Dahlem. 1935 erhielt er für die Entdeckung des Organisator-Effekts im embryonalen Entwicklungsstadium den Medizin-Nobelpreis.

Der Physiker und Chemiker Peter J. W. Debye war seit 1935 Direktor des KWI für Physik. 1936 erhielt er den Chemie-Nobelpreis für seine Beiträge zu unserer Kenntnis der Molekularstrukturen durch seine Forschungen über Dipolmomente, über die Beugung von Röntgenstrahlen und an Elektronen in Gasen.

Der Publizist und Pazifist Carl von Ossietzky war 1933 in verschiedene Lager und Gefängnisse verschleppt worden. Um ihm zu helfen, erhielt er 1936 rückwirkend den Friedensnobelpreis für das Jahr 1935. Das sollte Folgewirkungen auf die Verleihung der Nobelpreise an Forscher der KWG haben. Ossietzky wurde zwar 1936 schwer krank entlassen, blieb aber im Krankenhaus unter Bewachung der Gestapo. Trotzdem gelang es dem Regime nicht, ihn zur Ablehnung des Preises zu bewegen. Dabei konnte er ihn gar nicht selbst entgegen nehmen, da er nicht reisefähig war und auch nicht ausreisen durfte. Hitler war so wütend, dass er 1937 per Erlass Reichsdeutschen die Annahme sämtlicher Nobelpreise zukünftig untersagte. Ein stattdessen neu geschaffener Deutscher Nationalpreis für Kunst und Wissenschaft war international wertlos und wurde auch nur zwei Mal verliehen.

Das Verbot der Annahme betraf bereits ein Jahr später den Chemiker Richard Kuhn, der als Abteilungsdirektor am KWI für medizinische Forschung in Heidelberg arbeitete. Er erhielt 1938 den Chemie-Nobelpreis für seine Arbeiten über Karotinoide und Vitamine. Auf staatlichen Druck hin musste Kuhn mit einem scharf formulierten Brief an die Königliche Schwedische Akademie der Wissenschaften den Preis ablehnen. Es sei der Versuch, so Kuhn, den Preisträger dazu zu verleiten, gegen einen Erlaß des Führers zu verstoßen. Bis 1944 forschte er in staatlichem Auftrag auch an Giftgasen (Soman).

Die schwedische Akademie verlieh aber unverdrossen bereits 1939 wieder einen Chemie-Nobelpreis an einen KWG-Wissenschaftler: Adolf Butenandt. Er leitete seit 1936 das Dahlemer KWI für Biochemie und sollte die Auszeichnung für seine Arbeiten über Sexualhormone erhalten. Butenandt war zwar 1936 in die NSDAP aufgenommen worden (Parteimitgliedsnummer 3716562) und Mitglied der Deutschen Arbeitsfront, dennoch hätte er den Preis nur zu gern entgegengenommen. Aber auch für ihn gab es keine Ausnahme. »Rudolf Mentzel vom Reichswissenschaftsministerium legte Butenandt zwei Briefe vor und forderte ihn auf, einen davon zu unterschreiben. Wie Butenandt später berichtete, hatte ihm Mentzel sogar Konsequenzen für seine Familie angedroht, wenn er dem Führerbefehl nicht folge«.[53]

Von 1960 bis 1972 war er Präsident der Max-Planck-Gesellschaft und starb 1995 in München im Alter von 91 Jahren.

Um die Beschlagnahmung seiner Nobelpreis-Medaille von 1914 durch die Nazis zu verhindern, übergab Max von Laue diese an den Physiker Niels Bohr in Kopenhagen. Als die deutschen Truppen im April 1940 die dänische Hauptstadt besetzten, löste ein Mitarbeiter Bohrs die goldenen Medaillen in einem Gemisch aus Salz- und Salpetersäure (Königswasser) auf, damit sie nicht den Nazis in die Hände fielen. Nach Kriegsende wurde das aufgelöste Gold extrahiert, daraus neue Medaillen hergestellt und wieder an von Laue übergaben.

1944 wurde Warburg für seine Forschungen über das eisenfreie gelbe Zellatmungsferment erneut für den Nobelpreis nominiert. Doch da Hitler die Annahme von Nobelpreisen verboten hatte, ging Warburg leer aus. Die Auszeichnung verlieh man deshalb 1944 an die US-Wissenschaftler Joseph Erlanger und Herbert Spencer Gasser für ihre Entdeckungen über die hochdifferenzierten Funktionen der einzelnen Nervenfasern.

Otto Hahn, der von 1928 bis 1946 Direktor des Instituts war, wurde 22-mal für den Chemie-Nobelpreis vorgeschlagen und 16-mal für den Physik-Nobelpreis. 1944 wurde ihm insgeheim der Chemie-Nobelpreis für die Kernspaltung von Atomen 1938 zuerkannt. Meitner und Straßmann blieben unberücksichtigt. Die Wahl machte man erst nach dem Ende des »Dritten Reiches« am 16. November 1945 öffentlich – rund 100 Tage nach dem Einsatz von US-Atomwaffen in Japan. Hahn wurde am 26. April 1945 von US-Militärs in Tailfingen/Württemberg verhaftet.[54]

Den Preis konnte Otto Hahn so erst am 10. Dezember 1946 in Empfang nehmen. Auch Richard Kuhn und Adolf Butenandt bekamen ihre Nobelpreise zwischen 1947 und 1949 nachträglich.

## Im Dienste der NS-Diktatur

Der NS-Diktatur gelang es relativ schnell, Ämter und Dienststellen für ihre Ideologie zu instrumentalisieren. Entweder erfüllten die Direktoren und Abteilungsleiter teils widerwillig, teils eifrig die in sie gesetzten Erwartungen oder sie wurden entlassen.

Das Geheime Preußische Staatsarchiv erhielt viele Anfragen von Menschen, die mit einem Ahnenpass ihre »arische« Abstammung nachweisen sollten. Zur Begründung und Durchsetzung revisionistischer Forderungen überführte man nach der Besetzung Polens Aktenmaterial der ehemaligen deutschen Gebiete hierher. Dazu gehörten Karten und Personenstandsakten.

Eine neu eingerichtete sogenannte Publikationsstelle, seit September 1938 in der Gelfertstraße 11 untergebracht, war mit der Übersetzungen der osteuropäischen Presse und von Fachliteratur beschäftigt. Die Erstellung einer Kartei über osteuropäische Wissenschaftler diente später deren Verhaftung. Die Stelle sammelte osteuropäische Landkarten oder stellte selbst rassenideologische Karten mit ethnografischen Eintragungen her. Zudem gab man einige Schriftreihen heraus, wie z.B. die »Ostland-Reihe« oder »Deutschland und der Osten«. Ziel der Aktivitäten war, neben der Beschaffung von Informationen für die Besatzungstruppen, die Überlegenheit der deutschen Kultur zu »beweisen«.

In der Villa Im Dol 27/29/Pacelliallee richtete man 1938 das Institut für Agrarwesen und Agrarpolitik ein. Hinter dem harmlosen Namen verbarg sich die Erarbeitung von Planungsgrundlagen für die Ansiedlung Reichsdeutscher in den ländlichen besetzten Ostgebieten (Generalplan Ost). Die dort ansässige Bevölkerung sollte millionenfach durch Zwangsarbeit, Vertreibung und Verhungern dezimiert werden. Direktor des Instituts war SS-Obersturmbannführer Prof. Dr. Konrad Meyer. Er leitete auch das »Planungsamt des Reichskommissariats für die Festigung deutschen Volkstums«, das ähnliche Aufgaben hatte. Es war seit 1938 in der Podbielskiallee 25/27 untergebracht.

Im Reichsgesundheitsamt Unter den Eichen richtete man 1936 eine »Rassenhygienische und Bevölkerungsbiologische Forschungsstelle« ein. Hier betrieb man die vollständige Erfassung der Sinti und Roma und führte an ihnen bis 1944 ca. 24.000 rassenbiologische Untersuchungen durch. Die pseudo-wissenschaftlichen Ergebnisse, die die angeblich rassische Minderwertigkeit belegen sollten, dienten dem systematisch geplanten Völkermord, dem schätzungsweise 220.000 bis 500.000 Sinti und Roma zum Opfer fielen.

## Das Baugeschehen

Nach der Weltwirtschaftskrise nahm das Baugeschehen wieder an Fahrt auf. Während 1931 nur zehn Gebäude entstanden, waren es 1935 bereits 128. Aus diesem Jahr stammen beispielsweise die Häuser Im

*Ehemaliges Institut für Agrarwesen und Agrarpolitik (9.3.2016)*

Dol 67, Altensteinstraße 48 (Otto Hahn), Föhrenweg 8 und 10 sowie Schorlemerallee 30.

Ebenfalls 1935 wurde das Haus Finkenstraße 9 fertiggestellt, das sich der Schriftsteller Dr. rer. pol. Cornelius Witt vom Architekten Fritz August Breuhaus de Groot errichten ließ. Das Haus hat mehrere ebenerdige Austritte und strahlt eine schlichte Eleganz aus.

Das Grundstück gegenüber dem Finkenpark ist mit hohen Kiefern auf einer Rasenfläche bestanden. Sie bilden einen Kontrast zu dem hellen Gebäude, das weit zurückgesetzt ist. Die Konzeption stammt vermutlich vom Gartenarchitekten Carl Kempkes. Er hatte sein zweijähriges Studium an Lehr- und Forschungsanstalt für Gartenbau in Dahlem 1907 abgeschlossen.

Eines der 1936 fertiggestellten 108 Gebäude war das Haus Pacelliallee 39, gegenüber dem »Großen Feld« der Domäne. Der Architekt war Hans Geber, Bauherr war der damals bekannte Landschaftsarchitekt Gustav Allinger. Er gestaltete seinen Garten mit einer zweistufigen Terrasse, einem rechteckigen Wasserbecken mit Wandbrunnen, einem Vogelbrunnen, einem künstlichen Bach und einem ovalen Teich.

*Haus Allinger, Pacelliallee 39 (6.5.2016)*

Er war Mitglied der NSDAP und gefiel sich auch manchmal in der Uniform der SA. Von 1952 bis 1964 war er Professor und Direktor des Instituts für Gartenkunst und Landschaftsgestaltung an der TU Berlin.

Der Architekt Dr. Ernst Petersen baute sich 1936/37 ein Einfamilienhaus auf dem Grundstück Im Schwarzen Grund 27. Es liegt etwa zwei Meter über Straßenniveau zum tieferliegenden Thielpark hin. Das angegliederte Bildhaueratelier für seine Frau öffnet sich zum Garten durch eine große versenkbare Scheibe. Außerdem entstanden ein separates Bürogebäude und ein südländisch anmutender Innenhof. Der Gartenarchitekt Heinrich Friedrich Wiepking-Jürgensmann gestaltete die Außenanlagen. Er war ab 1934 Professor für Gartenkunst an der Landwirtschaftlichen Hochschule Berlin und seit 1938 Direktor des Dahlemer Instituts für Gartengestaltung. Charakteristisch für seinen Stil sind Wasserbecken wie Seerosenbassin, Vogelbrunnen, Sprudelstein oder Schwimmbad, sowie großzügige Rasenflächen. Eine Vereinheitlichung des Gartenraumes wird »durch die ausschließliche Verwendung von roten Wesersandsteinplatten für alle Wege, Sitzmauern und Wasserbecken« erreicht.[55]

*Das Ateliergebäude für Arno Breker (9.3.2016)*

Petersen arbeitete in seinen Jugendjahren auch als Schauspieler. Dabei lernte er die Schauspielerin und Regisseurin Leni Riefenstahl kennen, für die er 1936 die Villa in Schmargendorf entwarf. 1935 heiratete er die Tochter des Persil-Erfinders Elisabeth Henkel, die ihren Mann um fast vier Jahrzehnte überlebte.

Mit Beginn des Zweiten Weltkrieges kam die Bautätigkeit in Dahlem fast völlig zum Erliegen. 1940 entstanden nur noch vier Gebäude. Eines dieser Neubauten war das Haus in der Pücklerstraße 42/44, das 1941 nach Plänen von Wilhelm von Gumberz-Rhontal fertig wurde. Bauherr war der Regierungsbaumeister a.D. Dr.-Ing. Günther Werner-Ehrenfeucht. Das 4.049 Quadratmeter große Grundstück gestaltete die namhafte Landschaftsarchitektin Herta Hammerbacher. Sie beließ die hohen Kiefern, um eine Verbindung zum angrenzenden Grunewald zu schaffen. Das um drei Meter abfallende Gelände fing sie durch zwei Natursteinmauern ab. Seitlich führte sie eine Wasserkaskade zu einem runden Schwimmbecken. Den künstlichen Bachlauf umpflanzte Hammerbacher mit vielfältigen Uferstauden. 1950 wurde sie Professorin für Landschafts- und Gartengestaltung an der TU Berlin.

Schweden eröffnete bereits 1949 wieder eine diplomatsche Vertretung in West-Berlin. Der Generalkonsul nahm seinen Dienstwohnsitz in diesem Haus, das ja erst acht Jahre alt war. Am 8. Mai 1966 trafen sich hier der damalige Regierende Bürgermeister von Berlin, Willy Brandt, und der seinerzeitige sowjetische Botschafter in der DDR, Pjotr Abrassimow. Das erste Treffen dieser Art war auf Einladung des schwedischen Generalkonsuls Sven Backlund zustandegekommen. Weitere Ost-West-Kontakte in der schwedischen Residenz wurden wichtige Bausteine zur Ostpolitik der sozialliberalen Koalition. Seit 1998 ist das Haus an der Pücklerstraße die Residenz des schwedischen Botschafters, ist aber durch einen unpassenden Dachaufbau völlig verunstaltet.

Rückwärtig grenzt das Grundstück an den Käuzchensteig 8–12. Dort entstand etwa zur Bauzeit des Hauses – 1939 bis 1942 – ein Atelier für Arno Breker, den Lieblingsbildhauer Hitlers. Das Gebäude nach Plänen von Hans Freese wurde auf einem abgeholzten Waldgelände errichtet, das die Stadt Berlin dem Staat zur Verfügung gestellt hatte. Das Atelier war mit Kran, Hebebühne und Gleisanschluss ausgestattet. Doch schon 1943 verließ Breker wegen der Bombenangriffe auf Berlin die Stadt, weil die Glasoberlichte immer wieder zerbarsten und das Atelier oft voller Scherben lag.

1939 konnten noch zwei neue Schulen eröffnet werden. In der Molsheimer Straße 7 in Dahlem begann 1936 der Bau einer Grundschule, deren erster Abschnitt schon 1937 bezogen werden konnte. 1943 besetzte eine Marine-Wachkompanie das Gebäude, dessen Nordflügel am 28. Januar 1944 zerstört wurde (Wiederaufbau 1951). 1960 wurden hier die ersten Klassen der späteren John-F.-Kennedy-Schule eingerichtet. Nachdem diese 1963 ausgezogen waren, wurden ab etwa 1965 körperbehinderte Schüler der Biesalski-Schule aufgenommen. Da die Schule auf dem Ackerland der alten Mühlenaue nahe der Holländischen Mühle entstand, bekam sie am 15. März 1949 den Namen Mühlenau-Schule.

In der heutigen Clayallee 170–172 entstand nach Plänen von Fritz Fuß zwischen 1935 und 1938 das Luftgaukommando III. Der Neubau war einer der ersten Monumentalbauten der Nazis. Während die Gebäude von außen schlicht wirken, findet man innen eine kostspielige Ausstattung. So ist das Vestibül mit geschliffenem Travertin ausgekleidet. Den 56.400 Quadratmeter großen Komplex mit sieben Hauptgebäuden nutzte die US-Army als Hauptquartier.

# Prominente in Dahlem

## *Die Schauspieler*

Die Besiedlung Dahlems blieb aufgrund der hohen Grundstückspreise nur wohlhabenderen Schichten vorbehalten, unter ihnen etliche Schauspielerinnen und Schauspieler. Henny Porten bezog 1922 die Villa Bernadottestraße 74. Sie hatte das 1913 errichtete Haus vom Bildhauer Carl Ebbinghaus gekauft. Der war von ihrer Ausstrahlung so beeindruckt, dass er die Porten dafür gewinnen konnte, für den »Kopf der Minerva« Modell zu sitzen. Die 1929 geschaffene Büste der römischen Schutzgöttin der Dichter und Lehrer hängt noch heute über dem Eingang des ehemaligen KWG-Gebäudes Ihnestraße 22 und war das Signet der KWG. Ein weiterer Minerva-Kopf hängt über dem Haupteingang des früheren KWI für Physik in der Boltzmannstraße.

1921 hatte Henny Porten den jüdischen Arzt und Filmproduzenten Wilhelm von Kaufmann-Asser geheiratet. Im »Dritten Reich« drängte man die Schauspielerin, sich von ihrem Ehemann zu trennen. Sie weigerte sich und wurde daraufhin boykottiert. Das große Haus in Dahlem konnte sie deswegen finanziell nicht mehr halten und das Ehepaar musste 1935 in eine Wohnung am Brixplatz in Westend umziehen. Dort wurden sie 1944 ausgebombt.

In der Porten-Villa war 1927 der Film »Die große Pause« gedreht worden. 1968 wurde das Haus durch Umbauten stark verändert, aber von einem neuen Eigentümer 1996 weitgehend in den Urzustand zurückversetzt. Henny Porten starb 1960 in Berlin.

Elisabeth Bergner spielte von 1921 bis 1928 an Berliner Theatern. Im April 1925 kaufte sie mit ihrer Freundin Viola Bosshardt zu gleichen Teilen das Haus im Faradayweg 15. 1933 kehrte sie von Dreharbeiten in England nicht wieder nach Deutschland zurück. Die Nazis wollten sie zur Rückkehr bewegen und sicherten ihr zu, unbehelligt arbeiten zu können. Doch die Bergner wollte als Jüdin nicht von Goebbels Gnaden abhängig sein und blieb, wo sie war. Daraufhin machten die Nazis kurzen Prozess – Haus und Inventar wurden zwangsversteigert. Freunde der Schauspielerin steigerten mit und retteten so einige Bilder, Bücher und das Silber. Davon schaffte man so viel wie möglich nach London. Heute ist in dem Haus die Kita der evangelischen Kirchengemeinde Dahlem untergebracht. Die Bergner starb 1986 in London.

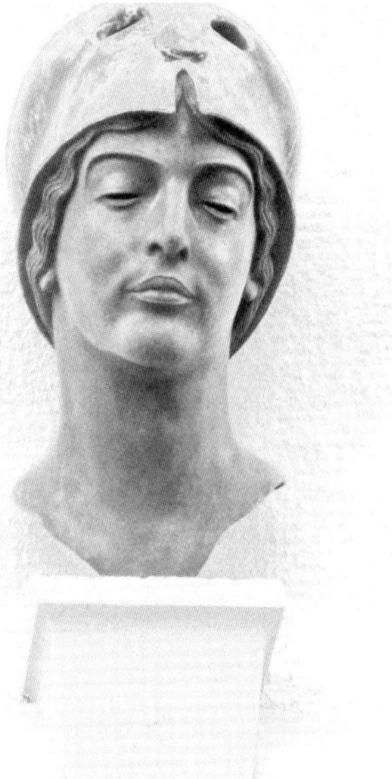

*Kopf der Minerva, Ihnestraße 22*

*Kopf der Minerva, Boltzmannstraße 20*

Bernhard Minetti zog 1936 von Steglitz in die Peter-Lenné-Straße 14. Er spielte u. a. unter Gustaf Gründgens als Theaterstar der 1930er-Jahre in Berlin die großen klassischen Rollen. Später zog er in die Podbielskiallee, während er zuletzt wieder ein Haus in der Peter-Lenné-Straße mietete. Noch mit 82 Jahren spielte er das Ein-Personen-Stück »Einfach kompliziert«. Niemand wird den betagten Minetti je vergessen, wie er als alter, hagerer, weißhaariger Mann mit langen Augenbrauen und einem markanten Gesicht auf der Bühne agierte, gekonnt Grimassen schnitt und seine vom Alter gezeichnete Stimme einen interessanten dumpf-heiseren, aber kraftvollen Klang hatte. Er starb 1998 in Berlin im Alter von 93 Jahren.

Curd Jürgens wuchs zwar in Westend auf, wohnte aber Ende der 1930er-Jahre zur Untermiete in der Max-Eyth-Straße 27. Das Haus war 1921/22 für den Bankier Ludwig Berliner erbaut worden, der als Jude nach Auschwitz deportiert wurde, wo er am 15. August 1942 starb. Von 1973 bis 1983 war in seinem Haus eine Sammlung kunsthandwerklicher Arbeiten des Jugendstils, des Art déco und des Funktionalismus untergebracht, das sogenannte Bröhan-Museum.

*Elisabeth Bergner mit Boleslaw Barlog im April 1954*

Der Schriftsteller, Theater- und Filmschauspieler Friedrich Kayßler wohnte etwa von 1934 bis 1937 in der Limonenstraße 15 (seit 1938 Lichterfelde). Seine Frau Helene, ebenfalls Schauspielerin, starb am 12. August 1939. Auch sein Sohn Christian wurde Schauspieler. Er wohnte in der Ehrenbergstraße 14 und kam am 10. März 1944 bei einem Bombenangriff ums Leben. Friedrich Kayßler wurde am 24. April 1945 von sowjetischen Soldaten in Kleinmachnow erschossen.

Der Schauspieler Karl Ludwig Diehl ist heute vergessen, dabei wirkte er in über 60 Filmen mit und spielte an der Seite der großen Ufa-Stars. Etwa Mitte der 1930er-Jahre kaufte er das Haus Miquelstraße 88/90. Dies hatte sich der Unternehmer Robert Friedlaender-Prechtl 1912/13 von Otto Bartning errichten lassen. Friedlaender zog aber Mitte der 1920er-Jahre nach Bayern. Das Haus steht an der hinteren Grundstücksgrenze, sodass ein breiter Garten Sichtschutz zur Straße bietet, der heute durch die Pflanzung von dichtem Bambus verstärkt wurde.

Die Schauspielerin Renate Müller spielte Theater und wirkte seit 1928 auch in Stummfilmen mit. Mit Einführung des Tonfilms wurden

*Bernhard Minetti 1934*

gern Lieder in die Handlung integriert, die die junge Frau perfekt interpretierte (z. B. 1931 »Ich bin ja heut' so glücklich« aus dem Film »Die Privatsekretärin«). 1933 zog sie von der Düsseldorfer Straße 51 in Wilmersdorf nach Dahlem in den Bachstelzenweg 11. Das Haus gehörte Bernhard Weiß, der von 1927 bis 1932 Polizeivizepräsident in Berlin war und wegen seiner jüdische Herkunft 1934 nach London floh. Ab etwa 1935 mietete sie sich im Reichensteiner Weg 25 ein. Zu den NS-Machthabern ging sie auf Distanz. Als sie auch noch eine Beziehung zu dem jüdischen, nach Paris emigrierten Bankierssohn Georg Deutsch einging und ihn heimlich besuchte, wurde sie von der Gestapo ständig überwacht. Goebbels zitierte sie zu sich und entzog ihr wütend den Reisepass. Vielleicht war dies einer der Gründe, warum sie zu viel trank und Drogen nahm. Ende September 1937 stürzte sie vom Fenstersims aus dem ersten Stock ihres Hauses und schlug auf der Terrasse auf. Ob sie angetrunken war, einen epileptischen Anfall hatte oder Selbstmord beging, ist ungeklärt. Sie starb am Morgen des 7. Oktobers in einem Krankenhaus und wurde nur 30 Jahre alt. Der Fenstersturz wurde aber in den Zeitungen nicht erwähnt, die Todesursache war offiziell ein »schweres Leiden«.[56]

Artur Brauner, der in der Pücklerstraße 18 wohnte, verfilmte das Leben von Renate Müller – zur Empörung ihrer Angehörigen – 1960 mit Ruth Leuwerik in der Hauptrolle (»Liebling der Götter«).

Der Ufa-Star Zarah Leander wohnte von 1937 bis 1941 im Wildpfad 24 und bis 1943 in der Max-Eyth-Straße 12. Beide Adressen gehören aber heute nicht mehr zu Dahlem.

Die Schauspielerin Anny Ondra (eigentlich Anna Sophie Ondráková) bezog Anfang der 1930er-Jahre eine Wohnung am Brixplatz 13 in Westend. Sie hatte gerade ihre eigene Filmfirma gegründet. Im Nachbarhaus, Brixplatz 9, hatte sich der Boxer Max Schmeling zur gleichen Zeit eine Sieben-Zimmer-Wohnung in der dritten Etage rechts gemietet. Die beiden lernten sich kennen und heirateten 1933. Das Ehepaar bezog im gleichen Jahr die obere Etage der geräumigen Villa Podbielskiallee 42. In den zehn Zimmern ließ es sich leben, und Schmeling trainierte, indem er regelmäßig zum Roseneck und weiter zum Grunewaldsee lief – und dann einige Runden um den malerischen See drehte. Schon 1930 hatte er mit Olga Tschechowa, und Renate Müller für den Film »Liebe im Ring« vor der Kamera gestanden. Mit seiner Frau trat er noch einmal 1935 im Film »Knockout« auf.

Zwischen 1930 und 1932 war er Boxweltmeister im Schwergewicht. Schmelings berühmtester Kampf am 19. Juni 1936 in New York gegen Joe Louis endete für ihn mit einem K.O.-Sieg in der zwölften Runde, es war aber kein Weltmeisterschaftskampf.

Elf Tage später brannte sein Sommerhaus in Bad Saarow nieder, das bei einem schweren Gewitter von einem Blitz getroffen wurde, während Schmeling gerade beim Speisen war. Er musste in seine Dahlemer Wohnung zurückkehren. In dem Gebäude befindet sich heute die Botschaft von Libyen. Später zogen die Schmelings in eine kleinere Villa am Föhrenweg 16, verließen Berlin aber wegen der häufigen Bombenangriffe. Als die Berliner Wohnung von General Wilhelm Keitel 1943 ausgebombt wurde, überließ Schmeling ihm das Haus.

Nach Kriegsende zog Max Schmeling nach Hamburg. Er starb 2005, acht Monate vor seinem 100. Geburtstag. Anny Ondra war schon 1987 gestorben.

Der Regisseur und Kameramann Carl Froelich trat 1933 in die NSDAP ein. Nachdem er 1939 zum Präsidenten der Reichsfilmkammer ernannt worden war, zog er in die Villa Thielallee 36 in Dahlem. In diesem Haus ließ er sich 1942 einen privaten Vorführraum einrichten.

*Podbielskiallee 42, heute libysche Botschaft (17.2.2016)*

Darin sichtete man alte und neue Filme und die Nazis entschieden darüber, was die »deutschen Volksgenossen« letztlich sehen durften. Eine Bombe in den letzten Kriegsmonaten zerstörte große Teile der Villa. Doch schon 1946 eröffnete man hier das Kino Capitol, das noch heute besteht.

Rudolf Platte wohnte schon Anfang der 1930er-Jahre in der heutigen Clayallee 255 (Zehlendorf). 1957/58 ließ er sich in der Starstraße 7 einen Bungalow errichten. Wenn er ein Theaterstück lange spielte, neckten ihn die Kollegen mit dem Spitznamen »Langspielplatte«. Er starb am 18. Dezember 1984 im Alter von 80 Jahren, acht Tage nach dem Tod seiner Frau Georgia Lind († 10. Dezember 1984). Mit der Schauspielerin war Platte zweimal verheiratet, 1942 und von 1954 bis 1984. Sein Bungalow wurde 1985 abgerissen.

Fast um die Ecke, 500 Meter entfernt, wohnte die Schauspielerin und Sängerin Hildegard Knef. Nach ihrem USA-Aufenthalt bezog sie von 1958 bis 1961 eine Villa in der Finkenstraße 11. Allerdings brachte es die Knef auf 16 verschiedene Berliner Adressen, nicht mitgezählt die Domizile außerhalb der Stadt.

*Das Kino Capitol (24.2.2003)*

So wie Platte und die Knef wohnten auch in der Nachkriegszeit Schauspieler in Dahlem, z.B. Carl Raddatz in der Straße Am Schülerheim 6 (Gedenktafel 21. August 2012) und Blandine Ebinger. Auch sie wechselte oft ihren Wohnort. 1981 bezog sie den Neubau in der Pücklerstraße 8, wo sie bis zu ihrem Tod am ersten Weihnachtsfeiertag 1993 wohnte.

Der bekannte Theater- und Filmschauspieler Martin Held wohnte in den 1950er-Jahren zunächst zur Miete in der Schwendener Straße 31 (heute FU-Institut für Ethik), dann in der Hadenslebener Straße 12 (Steglitz, dicht an der Dahlemer Grenze) und schließlich Unter den Eichen 84c.

Er brillierte als Reinhard Heydrich im Film »Canaris« (1954) oder als gerissener Oberlandesgerichtsrat a.D. Zänker in der grandiosen Gaunerkomödie »Die Herren mit der weißen Weste« (1970) in Starbesetzung. Regie führte dabei Wolfgang Staudte, der sich 1952 eine Villa in der Pacelliallee 31 errichten ließ. Zu seinen bekanntesten Regiearbeiten zählen »Die Mörder sind unter uns« (1946) und »Rosen für den Staatsanwalt« (1959).

Joachim von Ribbentrop arbeitete zunächst als Vertreter für französische Weine und Liköre. 1920 heiratete er Anna Elisabeth Henkell, die Tochter des bekannten Sektfabrikanten (»Henkell Trocken«). Ribbentrop wurde Bevollmächtigter im Unternehmen seines Schwiegervaters und kaufte in dieser Funktion 1922 das 4.398 Quadratmeter große Grundstück Lentzeallee 7/11. Hier ließ er durch die Firma Philipp Holzmann 1923 eine großzügige Villa mit Tennisplatz und Swimmingpool errichten, dessen Eigentümerin aber seine Frau war. Durch eine Adoption verschaffte er sich 1925 den Adelstitel »von«, auf den er großen Wert legte. 1932 lernte er Hitler kennen und trat der NSDAP bei. In der Ribbentropschen Villa begannen am Abend des 10. Januar 1933 die wegweisenden Verhandlungen zur Bildung des Kabinetts Hitler.

Etwa 1934/35 bat Rippentrop den örtlich zuständigen Pfarrer »Niemöller, seine jüngste Tochter zu taufen, und der Pfarrer stattete daraufhin in Begleitung seiner Frau Else dem Hause Ribbentrop einen Besuch ab. Als Ribbentrop stolz auf einen Sessels wies, in dem Adolf Hitler gesessen hatte, reagierte Niemöller zugeknöpft. Als Frau Ribbentrop taktloserweise auf die ›Deutschen Christen‹ zu sprechen kam, wurde er noch zurückhaltender. Aus der Taufe wurde nichts.«[57]

Ribbentrop war 1936 zunächst Botschafter in London, ehe er 1938 Reichsaußenminister wurde. Nach dem Krieg wurde er vom Nürnberger Tribunal in allen Anklagepunkten für schuldig befunden und am 16. Oktober 1946 gehenkt.

Die US-Army beschlagnahmte das Haus, in dem am 4. August 1945 der amerikanische Soldatensender AFN (American Forces Network) seinen Sendebetrieb aufnahm. Am 29. September 1947 weihte man in der ehemaligen Ribbentrop-Villa eine gewerkschaftliche Bildungsstätte ein (Wilhelm-Leuschner-Haus). Sie wurde im August 1975 abgerissen und 1976–80 durch eine schmucklose Wohnanlage ersetzt.

Roland Freisler, seit 1942 Präsident des Volksgerichtshofs, wohnte im Hüttenweg 14a. Bekannt war er für seine unsachlich geführten Prozesse, wie z.B. gegen Mitglieder der Widerstandsgruppe »Weiße Rose« und gegen die Verschwörer vom 20. Juli 1944. Er ließ die von ihm befragten Angeklagten kaum ausreden, nannte sie »schäbige Lumpen« und brüllte herum. Durchschnittlich fällte der von ihm geleitete Erste Senat gegen Ende des »Dritten Reiches« täglich drei Todesurteile.

*Seitensicht der Villa Ribbentrop, die Lentzeallee liegt rechts*

Freisler starb am 3. Februar 1945, als bei einem Bombenangriff auf das Zentrum Berlins auch das Gebäude des Volksgerichtshofs in der Bellevuestraße getroffen wurde. Er wurde auf dem Waldfriedhof Dahlem am Hüttenweg ohne Namensnennung im Grab seiner Schwiegereltern beerdigt. Die Witwe Marion Freisler zog nach dem Krieg unter ihrem Mädchennamen Russegger nach München. Als sie 1997 starb, wurde sie an der Seite ihres Mannes beigesetzt.

Karl Dönitz wohnte in der Bitterstraße 14. Die Villa, 1921/22 von den Brüdern Schellenberg für den Kaufmann Hans Schlick erbaut, liegt etwas von der Straße zurückgesetzt. Dönitz avancierte vom »Führer der U-Boote« (FdU, offizielle Dienststellung) 1943 zum Oberbefehlshaber der Marine. Hitler hatte ihn zu seinem Nachfolger als Reichspräsident und als Oberbefehlshaber bestimmt. Dönitz meinte, in Flensburg als unabhängiger deutscher Regierungschef agieren zu können, bis die Briten dem Getue am 23. Mai 1945 ein Ende machten. Im Nürnberger Kriegsverbrecherprozess wurde er wegen Führens von Angriffskriegen und Kriegsverbrechen zu zehn Jahren Haft verurteilt. Er starb Heiligabend 1980 in Aumühle im Alter von 89 Jahren.

Martin Bormann war Leiter der Partei-Kanzlei der NSDAP. Er wohnte zeitweilig in der Pücklerstraße 20. 1946 wurde er in den Nürnberger Prozessen in Abwesenheit zum Tode verurteilt. Allerdings hatte Bormann sich in der Nacht zum 2. Mai 1945 in der Nähe des heutigen Hauptbahnhofs mit Blausäure bereits selbst das Leben genommen. Sein Skelett wurde aber erst 1972 zufällig bei Erdarbeiten entdeckt, die Überreste 1999 verbrannt und seine Asche in der Ostsee beigesetzt.

Der Medienmogul Alfred Hugenberg war von 1925 bis 1937 Eigentümer und Bewohner des Hauses Schwendener Straße 12. Es wurde 1971 abgerissen. Der von Hugenberg gegründete nationalkonservative Medienkonzern belieferte rund 1.600 Zeitungen mit Nachrichten. So erreichte seine nationalistische und antidemokratische Propaganda weite Teile der Bevölkerung. Hugenberg wurde als Vorsitzender der DNVP im ersten Kabinett Hitlers für fünf Monate Wirtschaftsminister. Die DNVP löste sich am 27. Juni 1933 selbst auf und schloss sich der NSDAP-Fraktion an. In einem Prozess um Entschädigungen bestätigte das Bundesverwaltungsgericht 2005 die Rolle Hugenbergs als Wegbereiter der nationalsozialistischen Herrschaft.[58]

Hjalmar Schacht, 1933 bis 1939 Reichsbankpräsident und 1934 bis 1937 Reichswirtschaftsminister, wohnte in der Straße Vogelsang 9. Er wurde in den Nürnberger Prozessen freigesprochen. Johann Ludwig Graf Schwerin von Krosigk wohnte in der Thielallee 89. Er war von 1932 bis 1945 Reichsfinanzminister. Er wurde zu zehn Jahren Haft verurteilt, aber bereits 1951 entlassen. 1977 starb er 89-jährig.

Auch nahezu die gesamte militärische Führung der Wehrmacht wohnte in Dahlem. Darunter waren die Generalfeldmarschälle Walther von Brauchitsch (Dohnensteig 19), Friedrich Paulus (Altensteinstraße 19), Erich von Manstein (Faradayweg 15) und Albert Kesselring (Englerallee 19).

## *Die Widerstandskämpfer*

Gegen das NS-Regime gab es Widerstand von konservativ-bürgerlicher, wissenschaftlicher, gewerkschaftlicher, linker, militärischer und kirchlicher Seite. 1931 wurde Martin Niemöller als Pfarrer für die im gleichen Jahr eingeweihte Jesus-Christus-Kirche in Dahlem berufen. Der Theologe sympathisierte zunächst mit den Nationalsozialisten.

*Großadmiral Karl Dönitz (rechts) im Gespräch mit Kapitänleutnant Herbert Wohlfahrt, um 1940*

Doch als deutlich wurde, dass aus der evangelischen Kirche eine von der nationalsozialistischen Ideologie beherrschte »Reichskirche« werden sollte, die Christen jüdischer Herkunft ausschloss, wurde Niemöller zum Gegner. Nach den Bestimmungen der Reichskirche sollte eine Ehe mit »Nichtariern« nun ein Nichtberufungs- oder Entlassungsgrund von Geistlichen und Kirchenbeamten sein. Niemöller hatte 1933 den Pfarrernotbund mitbegründet, dem bald rund 20 Prozent der Pfarrer angehörten. Der Bund sollte die 30 bis 50 vom Arierparagrafen betroffenen Pfarrer jüdischer Herkunft ideell und materiell unterstützen. Am 19./20. Oktober 1934 fand im Gemeindehaus in Dahlem die zweite Bekenntnissynode statt, nach der nur die Bekennende Kirche, zu deren Leitung Niemöller gehörte, die eigentliche evangelische Kirche repräsentiere. Den christlichen Glauben den jeweils herrschenden weltanschaulichen und politischen Überzeugungen anzupassen, sei eine »falsche Lehre«. In seinen Predigten redete Niemöller Klartext. Ein Spitzel der Gestapo berichtete von einem Gottesdienst in der St. Annen-Kirche am 30. Januar 1937: »Es war eine Schande, daß ... dieser Pastor N. sich erlaubte, Gifte der Zersetzung und Gemeinheiten um sich zu spritzen.«[59]

Am Morgen des 1. Juli 1937 wurde Martin Niemöller im Pfarrhaus verhaftet. Daraufhin versammelte sich seine Gemeinde jeden Abend zu Fürbittgottesdiensten für alle Gefangenen. Am 2. März 1938 wurde Niemöller zu sieben Monaten Haft verurteilt, die durch die Untersuchungshaft eigentlich abgegolten waren. Doch die Gestapo nahm ihn gleich am Gefängnistor in Empfang und brachte ihn ins KZ Sachsenhausen, später nach Dachau. Niemöller überlebte, blieb weiter unbequem und engagierte sich in der Friedensbewegung. Er wurde 92 Jahre alt.

Die vakante Pfarrstelle Niemöllers übernahm Helmut Gollwitzer. Als sich andeutete, dass er sich ebenso wenig wie Niemöller den Mund verbieten lassen wollte, zog man ihn am 3. September 1940 zur Wehrmacht ein. Er war von 1957 bis 1975 Professor für evangelische Theologie an der FU. Gollwitzer war mit Gustav Heinemann und Rudi Dutschke befreundet, Seelsorger von Ulrike Meinhof und Bewährungshelfer für Horst Mahler. Er starb 1993. Sein Grab befindet sich gleich am Eingang des St. Annen-Dorffriedhofes links (Reihe 25-2).

Der Jurist Oskar Umrath wohnte Vogelsang 2. Er gehörte der linken Widerstandsgruppe »Neu-beginnen« an. Am 4. November 1938 wurde er verhaftet und zu einer Zuchthausstrafe verurteilt. Er starb am 6. März 1943 im Haftkrankenhaus.

Generaloberst Kurt Freiherr von Hammerstein-Equard machte nie einen Hehl daraus, dass er Hitler für eine Fehlbesetzung hielt. 1933 reichte er sein Abschiedsgesuch ein und zog von der Hardenbergstraße nach Dahlem in die Breisacher Straße 19. Ob er wusste, warum dieses Haus frei geworden war? Sein früherer Besitzer, der jüdischstämmige Stadtkämmerei Bruno Asch war im März 1933 entlassen worden, floh nach Amsterdam und nahm sich beim Einmarsch der Wehrmacht am 15. Mai 1940 das Leben. Seine Frau und zwei Töchter wurden 1943 im Vernichtungslager Sobibor ermordet.

Freiherr von Hammerstein empfing in seinem neuen Heim namhafte Personen aus dem Widerstand, obwohl er von der Gestapo observiert wurde. Er starb am 24. April 1943 an einem Tumor unterhalb des linken Ohres.

Vier Monate später, am 26. August 1943, kamen im Hause des Rechtsanwalts Dr. Carl Langbehn In der Halde 5 der Reichsführer SS Heinrich Himmler mit dem preußischen Finanzminister Johannes Popitz zusammen. Himmler selbst hatte eine Dienstwohnung im Doh-

*Grab von Hans Bernd von Haeften auf dem St. Annen-Kirchhof (12.6.2013)*

nensteig 8/10. Ausgehend von der aussichtslosen militärischen Lage sprach man über einen Sturz Hitlers und einen Separatfrieden mit den Westmächten. Als die Gestapo im September 1943 davon Wind bekam, redete sich Himmler damit heraus, er sei nur zum Schein auf diese Gespräche eingegangen und ließ Langbehn ins KZ bringen. Popitz wurde nach dem Attentatsversuch am 21. Juli 1944 verhaftet. Beide wurden am 3. Oktober 1944 von Freisler zum Tode verurteilt. Langbehn wurde neun Tage später in Plötzensee gehängt, Popitz an gleicher Stelle am 2. Februar 1945.

Nach dem missglückten Attentat auf Hitler rollte eine Verhaftungswelle durchs Land, deren Ausläufer bis nach Dahlem reichten. General Friedrich Olbricht, der im Wildpfad 24 wohnte, wurde allerdings bereits kurz nach Mitternacht des 21. Juli noch im Hof des Bendlerblocks standrechtlich erschossen. Die Diplomaten Hans-Bernd von Haeften (Peter-Lenné-Straße 42) und Adam von Trott zu Solz (Rheinbabenallee 47, heute Schmargendorf) wurden am 23. bzw. 25. Juli verhaftet. Sie waren Mitglied der bürgerlich-zivilen Widerstandsgruppe »Kreisauer Kreis«, der sich mit Plänen zur politisch-gesellschaftlichen Neuordnung nach der Hitler-Diktatur befasste. Freisler verurteilte sie am 15. August

1944 beide zum Tod. Von Haeften wurde noch am gleichen Tag gehenkt, von Trott zu Solz elf Tage später. Die Witwe Barbara von Haeften saß 1944 zwei Monate in U-Haft. Sie starb 2006 im Alter von 97 Jahren in Tutzing, wurde aber auf dem St. Annen-Kirchhof bestattet (Reihe 14-1).

Erich Hoepner wurde 1940 zum Generaloberst befördert und logierte ab 1939/40 in einer Dienstwohnung in der Heeresstandortverwaltung II am Hohenzollerndamm 100 (Roseneck, bis 1938 zu Dahlem gehörig). Da er Hitlers Durchhaltebefehl während der sowjetischen Winteroffensive ignorierte hatte, entließ ihn der Diktator 1942 unehrenhaft aus der Wehrmacht. Hoepner, der Stauffenbergs Attentatspläne unterstützte, wurde am 21. Juli 1944 im Bendlerblock verhaftet, von Freisler am 8. August zum Tode verurteilt und noch am gleichen Tag in Plötzensee gehängt.

Fritz Elsas war von 1931 bis 1933 Berliner Bürgermeister und wohnte im Patschkauer Weg 41 (bis 1938 zu Dahlem gehörig). Seit 1934 hatte er Kontakte zum Widerstand und sollte nach dem gelungenen Attentat auf Hitler Leiter der Reichskanzlei werden. Elsas wurde am 10. August 1944 verhaftet, im Zellengefängnis Lehrter Straße gefoltert und ins KZ Sachsenhausen verschleppt. Dort wurde er am 4. Januar 1945 ohne Gerichtsurteil erschossen.

Der Rechtsanwalt und Landgerichtsdirektor Otto Lenz wohnte in der Schweinfurthstraße 60. Er wurde im Oktober 1944 verhaftet, weil er nach einem geglückten Umsturz als Verkehrsminister vorgesehen war. Er wurde »nur« zu vier Jahren Zuchthaus verurteilt, aber am 28. April 1945 von der Roten Armee befreit. Lenz wurde Mitarbeiter Konrad Adenauers und Abgeordneter des Bundestages. Er starb am 2. Mai 1957 in einem Armenhospital in Neapel.

## Der Zweite Weltkrieg

Der Zweite Weltkrieg erreichte Dahlem spätestens 1943. Am 17. Januar wurden Nachtangriffe der Royal Air Force u.a. auf Dahlem geflogen, was schwere Gebäudeschäden nach sich zog.

Am 1. März trafen Bomben das Botanische Museum. Der nachfolgende Brand vernichtete fast die gesamte Sammlung, mit teilweise 300 Jahre alten unwiederbringlichen Stücken, sowie die Bibliothek mit 80.000 Bänden und 200.000 Drucken. Das benachbarte Pharmazeu-

*Das fast vollständig zerstörte KWI für Chemie 1944*

tische Institut erlitt ebenfalls erhebliche Schäden, der Hörsaal wurde total zerstört. Dem verheerendsten Luftangriff auf den Südwesten Berlins in der Nacht vom 23. auf 24. August fiel ein Flügel des Staatsarchivs zum Opfer. Obwohl man schon damit begonnen hatte, Dokumente zu verlagern, verlor das Archiv durch Brände erhebliche Teile seiner Bestände. Weitere Beschädigungen gab es am Reichsgesundheitsamt Unter den Eichen 82/84. Außerdem brannten das Dach des Postamtes und ein Kuhstall der Domäne ab. Das Gebäude des Arndt-Gymnasiums wurde am 23./24. November 1943 durch eine Luftmine verwüstet, ein Flügel total zerstört. Der Wiederaufbau begann 1947 und zog sich bis 1952 hin. Am 2. Dezember 1943 vernichtete eine Luftmine das Kirchenschiff der St. Bernhard-Kirche, der Turm blieb erhalten.

Inzwischen waren auch die KWI nicht mehr sicher. Nach zwei Bombeneinschlägen in der Nähe verlegte man Warburgs Institut 1943 in die Uckermark. Das KWI für Chemie in der Thielallee 67 wurde am 15. Februar und am 24. März 1944 durch schwere Bombentreffer zu großen Teilen zerstört. Deshalb verlegte man es am 19. Juni in eine Textilfabrik nach Württemberg.

*Innenansicht der 1943 zerstörten St. Bernhard-Kirche*

## *Das Kriegsende*

Am 20. April 1945 hatte die Rote Armee die Außenbezirke Berlins erreicht. Dahlem wurde nach unterschiedlichen Darstellungen zwischen dem 23. und 27. April eingenommen. Am 23. April grub sich eine russische Batterie im Botanischen Garten ein und schoß über den Fichtenberg hinweg Richtung Innenstadt. An der Ihnestraße/Leichhardtstraße feuerte eine Stalinorgel. Einen Tag später wurde die Dorfkirche zerschossen. Der Glockenstuhl war zerstört, die Wand hatte ein Loch und die Kirchenfenster waren zersplittert. Der Luftdruck hatte die Dachziegeln heruntergeschleudert und alle Stühle durcheinandergeworfen.

Verzweifelt versuchte man, vorrückende sowjetische Panzer aufzuhalten. Am U-Bahnhof Podbielskiallee wurde ein solches Kettenfahrzeug von der deutschen Artillerie zerschossen. Das Wrack stand noch lange im Vorgarten Im Dol 2/6.

Wolfgang Harich, ein 1944 desertierter deutscher Soldat, hatte in der thailändischen Botschaft in der Podbielskiallee 1 Zuflucht gefunden. Dort verliebte er sich in die Tochter des Botschafters Nong Yau Chutin. Harich hatte gesehen, wie deutsche Pioniere die Straßen verminten und panzerbrechende Waffen in Stellung brachten. Er und einige Freunde wollten nicht tatenlos zu sehen. Harich erinnerte sich 1965: »An der Ecke der Straßen Im Dol und Am Hirschsprung sahen wir dann, wie sich, beiderseits des Birkenwäldchens, die Spitze einer großen sowjetischen Panzerkolonne auf uns zubewegte. Wir liefen den Panzern mit erhobenen Händen entgegen, wurden von den Rotarmisten gestellt ... Sehr bald war ein dolmetschender russischer Unteroffizier zur Stelle, den ich über meine Beobachtungen in der Cecilienallee (seit 1949 Pacelliallee /C.S.) aufklären konnte. ... Ein sowjetischer Offizier umarmte mich dankbar ...«[60]

Dennoch büßte Harich die goldene Uhr seines Großvaters ein. Ein verhältnismäßig kleiner Verlust, verglichen mit dem, was andere Berliner von der Roten Armee zu erleiden hatten.

Anfang Mai 1945 bekam der spätere Historiker Wolfgang Leonhard den Auftrag, Harich aufzusuchen, um ihn zur Aufbau- und Mitarbeit in der Kommunistischen Partei zu bewegen. Harich wurde später Professor für Philosophie, kam in Konflikt mit der Staats- und Parteiführung der DDR und war deswegen von 1957 bis 1964 inhaftiert. Er starb 1995.

# NEUBEGINN NACH 1945

Berlin kapitulierte am 2. Mai 1945. Marodierende Soldaten verwüsteten teilweise die Dahlemer KWG-Institute. Hungrige Einwohner bauten in den Grünanlagen Gemüse an oder vergriffen sich an den wertvollen Tierzuchtbeständen der Landwirtschaftlichen Fakultät. Rotarmisten jagten im Grunewald und erlegten etwa 400 Tiere.

Der sowjetische Stadtkommandant von Berlin, Generaloberst Nikolai Bersarin, löste die deutschen Bezirksverwaltungen auf. An ihre Stelle traten zunächst Volkskomitees mit einem Netz von Block-, Straßen- und Hausvertrauensleuten. Das System der Überwachung durch die Nationalsozialisten wurde so durch die Überwachung der sowjetischen Militärverwaltung abgelöst. Autos, Fotoapparate und Radiogeräte mussten abgegeben werden, außerdem wurde zwischen 22 und 8 Uhr eine Ausgangssperre verhängt. Der Zehlendorfer Bezirkskommandant Oberst Kareschun beauftragte Werner Wittgenstein (CDU) als neuen Bezirksbürgermeister damit, ein neues überparteiliches Bezirksamt zusammenzustellen. Zu den dringlichsten Aufgaben zählten die Versorgung der Bevölkerung mit Lebensmitteln und die Unterbringung der Flüchtlinge und Ausgebombten. Die provisorisch bestatteten Kriegstoten in Gärten und Grünanlagen wurden auf Friedhöfe umgebettet.

Außerdem mussten Panzersperren, Munition, Wracks und Schuttmassen von den Straßen geräumt werden. Von den Villen waren etwa fünf Prozent vollkommen zerstört, 24 Prozent beschädigt. Nach einer anderen Auflistung waren etwa 350 Gebäude zu 25 Prozent demoliert, etwa 100 Gebäude zu 50 Prozent und ca. 75 Gebäude zu 75 Prozent beschädigt. Ungefähr 120 Gebäude waren Vollruinen. Allein in der Schwendener Straße erlitten zwölf von 45 Gebäuden Totalschaden. Im Vergleich zu anderen Stadtteilen, wo ganze Straßenzüge in Trümmern lagen, kam Dahlem dennoch relativ glimpflich davon.

Gustaf Gründgens versuchte, das kulturelle Leben wieder in Gang zu bringen. Da die Theater in der Innenstadt nicht bespielbar waren, begann er am 4. Juni 1945 im Harnack-Haus mit den Proben zu Schillers Drama »Die Räuber«. Zwei Tage später wurde er aus den Proben heraus vom sowjetischen Geheimdienst NKWD verhaftet und im Speziallager Jamlitz nördlich von Cottbus inhaftiert. Da er von den Kollegen entlastet wurde, kam er 1946 wieder frei. 1947 ging er nach Düsseldorf, später nach Hamburg. Er starb am 7. Oktober 1963 während einer Weltreise in Manila an einer Magenblutung.

Der Dichter Johannes Robert Becher kehrte im Juni 1945 aus dem sowjetischen Exil nach Deutschland zurück. Er wurde in der Villa des Bankdirektors Stauß in der Pacelliallee 14/16 einquartiert. Stauß war bereits 1942 verstorben. Hier beschlossen Künstler, Kulturschaffende und Wissenschaftler am 25. Juni 1945 die Gründung des »Kulturbundes zur demokratischen Erneuerung Deutschlands«, dessen Präsident Becher wurde. Der Kulturbund wurde 1947 im amerikanischen und britischen Sektor Berlins verboten. Becher wurde in der DDR Kulturminister. Er verfasste den Text der Nationalhymne der DDR, der seit Anfang der 1970er-Jahre aber nicht mehr gesungen werden durfte. Die Zeile »Deutschland, einig Vaterland« war den Machthabern der SED politisch nicht mehr genehm.

## Dahlem wird amerikanisch

Die Alliierten hatten bereits auf diversen Konferenzen beschlossen, die deutsche Hauptstadt entlang der Bezirksgrenzen in vier Sektoren aufzuteilen. Ab dem 1. Juli 1945 besetzten die westlichen Siegermächte (USA, Großbritannien, Frankreich) ihre Sektoren. Zehlendorf und damit auch Dahlem wurden Teil des amerikanischen Sektors.

Am 1. Juli 1945 trafen Truppen der First Allied Airborn Armee über die Autobahn kommend in Zehlendorf ein. Sie mussten zunächst im Grunewald kampieren. Obwohl die offizielle Übergabe der Westsektoren bereits am 4. Juli um 24 Uhr vollzogen werden sollte, rückten die letzten Sowjets erst am 12. Juli 1945 ab. Daher gab es in Zehlendorf zwischen dem 5. und 11. Juli eine amerikanische und eine sowjetische Militärregierung, die beide gegenüber den deutschen Behörden Weisungsbefugnisse geltend machten.

Die US Army verschärfte zunächst das Problem des knappen Wohnraums, indem sie von den etwa 11.000 bewohnbaren Häusern in ganz Zehlendorf 3.380 für ihre Zwecke beschlagnahmte, also ca. 30 Prozent.

Zu den beschlagnahmten Häusern gehörte das Haus Fabeckstraße 13. Eigentümer war seit 1927 Eduard Spranger, der Pädagogik-Professor an der Berliner Universität war. Spranger saß nach dem Hitler-Attentat zehn Monate in Haft, man konnte ihm aber keine Mitwisserschaft nachweisen. Ungeachtet dessen stand er dem NS-Staat distanziert bis ablehnend gegenüber. Nun musste sich die Familie mit einem Zimmer im Keller begnügen. Obwohl – oder weil er – bis Oktober 1945 erster Nachkriegsrektor der Berliner Universität war, sperrten die Amerikaner ihn im Juli eine Woche in ein Lager in Wannsee ein, um ihn zu verhören. Spranger verließ Berlin 1946 Richtung Tübingen, wo er 1963 starb.

Auch die Villa im Bachstelzenweg 16 wurde beschlagnahmt. Von 1954 bis 1956 wohnte hier ein Mitarbeiter des Amerikanischen Hochkommissariats mit seiner Familie. Der Diplomat hieß Richard Kerry und war der Vater von John Kerry, der 2013 zum 68. Außenminister der USA vereidigt wurde. Der damals elfjährige John ging von Dahlem aus mit dem Rad auf stundenlange Entdeckungstouren. Eines Tages berichtete er seinem Dad stolz, er sei heute in Ost-Berlin gewesen. Aber Vater Richard war entsetzt über so viel Arglosigkeit: Eine Festnahme des Filius hätte einen internationalen Konflikt auslösen können. Er nahm seinem Sohn den Pass weg und stellte ihn unter Hausarrest.

Zur Kontrolle und Verwaltung des Gebietes von Groß-Berlin wurde die Alliierte Kommandantur gegründet, geleitet von den vier Stadtkommandanten. Sie erhielten ihre Weisungen vom Alliierten Kontrollrat, der für ganz Deutschland zuständig war, und setzten sie in Befehle gegenüber der deutschen Verwaltung um. Zwischen 1945 und 1990 war die Kommandantur die oberste Gewalt in Berlin. Ab der zweiten Sitzung am 25. Juli 1945 tagte sie im Gebäude des Verbandes der öffentlichen Feuerversicherungsanstalten in der Kaiserswerther Straße 16/18 in Dahlem. Das Haus, 1926/27 nach Plänen von Heinrich Straumer errichtet, hatte die Deutsche Arbeitsfront seit dem 1. April 1939 gemietet.

1948 zogen sich die sowjetischen Vertreter wegen gravierender Meinungsverschiedenheiten für immer aus dem Gremium zurück. Dieses tagte mit drei Siegermächten zwar weiterhin, aber fortan galten die Beschlüsse nur noch für die Westsektoren. Dennoch hielt man bis zum letzten Tag bei jeder Sitzung die Plätze für die Mitglieder der sowjetischen Delegation strategisch frei. Damit sollte der Fortbestand des Vier-Mächte-Status demonstriert werden. Die Sowjets waren aller-

*Sitzungssaal in der Alliierten Kommandantur*

dings der Meinung, dass die Westalliierten diesen durch ihre »eigenmächtigen« politischen Entscheidungen selbst abgeschafft hätten.

Einen Tag vor der Deutschen Einheit, also am 2. Oktober 1990, wurde die Alliierte Kommandantur aufgelöst. Das Gebäude, im Januar 1991 geräumt, wird seit 1994 vom Präsidialamt und der Zentralen Verwaltung der Freien Universität genutzt. Da jede Veränderung ein Politikum war, blieb das Gebäude über alle die Jahrzehnte hinweg bis hin zu den Möbeln im Originalzustand erhalten.

## *Die Standorte der US Army damals und heute*

Das US-Hauptquartier kam im ehemaligen Luftgaukommando III an der späteren Clayallee unter. Das Harnackhaus in der Ihnestraße 16–20 war während der Besatzungszeit US-Offizierskasino.

Schräg gegenüber, in der Ihnestraße 19, hatte die US Army 1955 das Dahlem Guest-House mit Gästezimmern errichtet. Auch dieses Gebäude dient heute der MPG als Tagungsstätte.

Das Gros der US-Truppen war in drei Kasernen in Lichterfelde einquartiert. Die requirierten Wohnhäuser wurden nach und nach wieder geräumt und den Eigentümern zurückgegeben, sofern es sich nicht um hohe NS-Funktionäre oder Kriegsverbrecher handelte.

Für die Familienangehörigen der US-Garnison entstanden in Zehlendorf seit 1951 mehrere Wohnsiedlungen. In den luxuriös und fertig eingerichteten Wohnungen logierten die Armeeangehörigen nicht nur gänzlich mietfrei, auch Strom und Gas waren gratis. Die Wohnungsprojekte wurden von der Bundesrepublik finanziert, sollten aber nach Abzug ihrer Bewohner der deutschen Bevölkerung zur Verfügung stehen.

Im Parkgelände am Dreipfuhl (Lützelsteiner Weg/Reichshofer Straße/Ripleystraße) errichtete man 1956/57 für höhere US-Dienstränge flachgedeckte, ebenerdige Einfamilienhäuser im Bungalowstil und die durch Doppelcarports verbundenen Duplex-Häuser. Sie stehen seit 1990 unter Denkmalschutz.

In den denkmalgeschützten Gebäuden des ehemaligen US-Hauptquartiers wurden ab Herbst 2012 unter dem Namen »The Metropolitan Gardens« rund 300 hochwertige Eigentumswohnungen eingerichtet. Investoren waren Terraplan und die Prinz von Preußen Grundbesitz AG. Das US-Konsulat an den Clayallee 170 bleibt vorerst dort. Der Freien Universität war die Sanierung der denkmalgeschützen Altbauten zu teuer.

Gegenüber dem US-Hauptquartier entstand ein großes Wohngebiet mit verschiedenen Infrastruktureinrichtungen. Es lag an der Kronprinzenallee, die am 1. Juni 1949 den neuen Namen Clayallee bekam. Zwischen 1951 und 1957 wurde der Straßenzug verbreitert.

Die Berlin Brigade Housing Area zwischen Argentinischer Allee und Clayallee umfasste 1959 bereits 30 Wohnblocks. Das Zentrum war das im Juni 1947 zunächst als Kantine (»main mess hall«) eröffnete Einkaufszentrum Truman-Hall. Es war ausschließlich Angehörigen des US-Militärs vorbehalten. Zwischen 1974 und 1976 ersetzte man die alten Anlagen an der Clayallee 169/171 durch einen modernen Neubau (Truman-Plaza). Nach dem Abzug der Alliierten wurde alles abgerissen. Zwischen 2012 und 2016 realisierte die Stofanel Investment AG hier das sogenannte »Fünf Morgen Dahlem Urban Village« – ein Wohngebiet mit Apartments, Villen und Penthouses. Herz des Projektes ist ein künstlicher See mit fünf Wasserarmen. Die Ecke Clayallee/

*US-Einkaufszentrum Truman Hall an der Clayallee 1951*

Argentinische Allee ist durch einen sechsstöckigen Neubau mit Läden und Arztpraxen betont.

Im September 1953 eröffnete das amerikanische Militär mit dem »Outpost« (Außenposten) in der Clayallee 135 ein eigenes Kino. Es wird heute vom Alliiertenmuseum, das am 27. Juni 1998 eröffnet wurde, als Ausstellungsraum genutzt.

Ebenfalls für die Angehörigen der US-Streitkräfte wurde am 14. Dezember 1957 die United States Army Chapel am Hüttenweg 46 mit dem freistehenden Glockenturm eingeweiht. Nach dem Abzug der Alliierten steht das Hauptschiff der Kirche, die jetzt Berlin Community Chapel heißt, der englischsprachigen evangelischen Gemeinde (Protestant Faith Fellowship) zur Verfügung. Die englischsprachigen Katholiken (»All Saints«) feiern ihre Gottesdienste im Querbau. Im Gemeindesaal eröffnete die jüdische Gemeinde am 17. September 1999 eine Synagoge, wo nach liberalem Ritus Gottesdienst gefeiert wird.

Mit dem Nachzug von Familien der hier stationierten Soldaten wurde eine Schule notwendig. Am 9. September 1953 konnte der Neubau für die Thomas A. Roberts School am Hüttenweg 40 eingeweiht werden. Benannt wurde sie nach Colonol Thomas Arnett Roberts, der am 4. August 1944 in der Normandie gefallen war. 1994/95 zogen hier die Biesalski-Schule für Körperbehinderte und die zweisprachige Quentin-Blake-Grundschule (staatliche Europaschule) ein. Die am 25. August 1965 eröffnete Berlin American High School (Gymnasium) in der Straße Am Hegewinkel 2a nutzt heute die Wilma-Rudolph-Schule (integrierte Sekundarschule mit Gymnasialer Oberstufe). Seit 1960 stand den Kindern der US-Soldaten auch die John-F.-Kennedy-Schule zur Verfügung, für die es – im Gegensatz zu deutschen Kindern – keine Wartezeiten gab.

Der Soldatenhörfunksender AFN (American Forces Network) sendete zunächst von der beschlagnahmten Villa Podbielskiallee 28 aus, die in den Jahren 1928–1930 von Otto Rudolf Salvisberg errichtet worden war. 1967 kam das AFN-Fernsehen hinzu. 1979 bezog man einen Neubau in der Saargemünder Straße 24, direkt seitlich des US-Hauptquartiers. Ein Slogan von AFN lautete: »Enjoy Berlin, it's more than you ever imagine« (»Genieße Berlin, ist es weit mehr als du dir vorstellst«). Doch damit war es nicht weit her – die US-Militärs blieben auch in ihrer Freizeit meist unter sich, zumal sie eine auf sie zugeschnittene Infrastruktur vorfanden. Mit dem Abzug der Alliierten 1994 wurde auch der Sendebetrieb eingestellt, die Gebäude am 4. Juli 1997 abgerissen und das Gelände 1998/99 mit Stadtvillen und Wohnungen bebaut.

Die ehemalige US-Wohnsiedlung an der Clayallee wurde zum 1. Juni 2005 an die Apellas Property Management GmbH veräußert und in Parkviertel Dahlem umbenannt. Im Januar 2007 verkaufte Apellas einen Teil seiner 1.096 Wohnungen an die Gagfah. Sie sanierte die Miet- und Eigentumswohnungen. Außerdem errichtete man 60 Dachgeschossaufbauten im Penthousestil sowie 25 neue Doppelhäuser und Stadtvillen. In etlichen Fällen führte die Modernisierungsumlage zu drastischen Mietsteigerungen, die einige Bewohner zum Auszug nötigten. Leider zeigte sich in einigen Fällen nach der Sanierung hartnäckiger Schimmel- und Feuchtebefall.

Als weitere militärische Einrichtung konnte im Februar 1952 die Panzerkaserne Turner Barracks am Hüttenweg eingeweiht werden. Sie erhielt den Namen des im Koreakrieg gefallenen Sergeanten Charles William Turner. Auf dem 2,83 Hektar großen Gelände am Waldrand befanden sich Unterkünfte, Technische Bereiche, Munitionsbunker und Stellplätze für die Panzer.

*AFN in der Saargemünder Straße, letzter Sendetag (18.7.1994)*

Auf dem ehemaligen Kasernengelände und auf dem Platz des Deutsch-Amerikanischen Volksfestes am Hüttenweg errichtete die Wohnungsgesellschaft Gehag 1999/2000 die beiden Wohnanlagen »Am Grunewald« und »Am Petersberg« mit insgesamt 213 Wohnungen in 19 Häusern.

Die in den 1970er Jahren für die US-Truppen gebaute Schwimmhalle am Hüttenweg 41–45 wurde 2010/11 für 3,1 Millionen Euro generalsaniert. Die Munitionsdepots der US-Army lagen am Hüttenweg im Jagen 92 und westlich der Revierförsterei Dachsberg im Jagen 14.

## Die Domäne Dahlem

Die Domäne Dahlem an der Königin-Luise-Straße 49 war ein Ritterlehnsgut, das über Jahrhunderte von verschiedenen Adelsfamilien bewirtschaftet wurde. Das Herrenhaus, dessen Ursprünge aus der Zeit um 1500 stammen, erhielt im 17. Jahrhundert seine heutige Gestalt. Den westlichen Anbau fügte Heinrich Schweitzer 1913/14 an.

*Das Gutshaus Dahlem, links der Anbau von Schweitzer, ganz links die Zufahrt zum Hof*

1949 ging die Domäne in das Eigentum der Stadt Berlin über. Zu Beginn der 1950er-Jahre erbrachten 95 Kühe noch rund 1.300 Liter Milch pro Tag. 1973 stellte man den Verkauf von Milch ein, die bis dahin noch mit Pferdewagen ausgefahren wurde. Zum Jahresende 1976 löste man die unrentabel gewordene Domäne auf. Stattdessen entstand am 7. Oktober 1976 der private Verein »Freunde der Domäne Dahlem«, der den Gutshof als lebendiges Museum weiterführte. Das Herrenhaus wurde nach aufwendigen Restaurierungsarbeiten am 26. April 1989 als Museum eröffnet. Jährlich besuchen rund 220.000 Interessierte den Hof. 1995 übergab der Verein die Trägerschaft an die »Stiftung Stadtmuseum Berlin«. Seit 2009 ist die Domäne Dahlem eine selbstständige, staatlich anerkannte Stiftung bürgerlichen Rechts.

Das große Feld hinter dem Gutshof zwischen U-Bahn und Pacelliallee weckt immer wieder Begehrlichkeiten, dort Gebäude der Freien Universität oder Wohnhäuser zu bauen. Bereits im Dezember 1997 war ein damals umzäunter und bewachter Sendemast der Hörfunkstation AFN beseitigt worden. Nach Einstellung des Sendebetriebes wurde er nicht mehr gebraucht.

## Der Museumsstandort

Neben den Forschungsinstituten gewann Dahlem als Museumsstandort an Bedeutung. Zu Beginn des 20. Jahrhunderts plante man, im Zuge von Umstrukturierungsmaßnahmen bei der Neuorganisation der Sammlungen einen Teil der Staatlichen Museen auf dem Gelände der Domäne Dahlem zu platzieren.

Das Asiatischen Museum, 1914 bis 1923 an der Arnimallee 23/27 errichtet, wurde zunächst vom Völkerkundemuseum als Magazin genutzt. Nach dem Zweiten Weltkrieg nahm es vorübergehend große Teile der ausgelagerten und zurückgekehrten Kunstschätze wieder auf, obwohl teilweise Verluste von 80 bis 90 Prozent der Sammlungen zu verzeichnen waren. In den Altbau Arnimallee zog das ehemalige Museum für Völkerkunde, das seit dem 1. Januar 2000 den Namen Ethnologisches Museum trägt. Zwischen 1969 und 1973 begann der Ausbau des Dahlemer Museumskomplexes durch Erweiterungen des Altbaus. Zwischen Arnimallee, Taku-, Lans- und Fabeckstraße entstand ein Neubau in mehreren Bauabschnitten nach Plänen von Bruno Grimmeck, Wils Ebert und Fritz Bornemann.

Das Museum für Indische Kunst (bis 1963 Teil des Museums für Völkerkunde) und das Museum für Ostasiatische Kunst bekamen einen Neubau in der Takustraße 40. 2006 vereinigte man beide Sammlungen zum Museum für Asiatische Kunst.

Das Museum für Deutsche Volkskunde wurde am 10. April 1976 Im Winkel 6–8 als Wiederaufbau des zerstörten Magazinflügels des Geheimen Preußischen Staatsarchivs mit separatem Eingang eröffnet. Später nannte es sich Museum Europäischer Kulturen.

Nach dem Fall der Berliner Mauer wurden die Sammlungen der Staatlichen Museen neu geordnet. In diesem Zusammenhang verlor Dahlem als Museumszentrum an Bedeutung.

Die Bestände der Skulpturengalerie (ehemals Altbau Arnimallee) und des Museums für Islamische Kunst führte man 1992 mit denen auf der Museumsinsel zusammen. Das Kupferstichkabinett und die Gemäldegalerie kamen ins Kulturforum. Die Dahlemer Sammlungen für Asiatische Kunst und Völkerkunde sollen 2019 ins Humboldt-Forum umziehen. Die etwa 17.500 Objekte werden seit Anfang 2016 gesichtet, gereinigt, gegebenenfalls restauriert und transportsicher verpackt.[61] Das Museum Europäischer Kulturen wird in Dahlem verbleiben und

*Museum für Asiatische Kunst, Haupteingang Lansstraße (28.8.2003)*

den Altbau in der Arnimallee 23/27 nutzen. An seinem ehemaligen Standort Im Winkel 6-8 befinden sich weiterhin Verwaltung, Bibliothek, einige Sammlungen und die Restaurierungswerkstätten.[62]

Am Rande des Grunewaldes kamen zwei weitere Ausstellungsräume hinzu: Das Brücke-Museum am Bussardsteig 9 wurde am 15. September 1967 eröffnet. Es besitzt die weltweit umfangreichste Sammlung von Gemälden, Grafiken, Aquarellen, Zeichnungen und Plastiken der expressionistischen Künstlergruppe »Die Brücke«. Sie war 1905 in Dresden gegründet worden und 1910 nach Berlin übergesiedelt. Die Gruppe löste sich 1913 wieder auf. Gründungsmitglieder waren Erich Heckel, Ernst Ludwig Kirchner, Fritz Bleyl und Karl Schmidt-Rottluff. Dieser übereignete 1964 seine gesamten Werke dem Land Berlin. Für seine Bilder und die seiner Künstlerkollegen entstand 1965–1967 der eingeschossige Flachbau nach Plänen von Werner Düttmann. 1971/72 wurden die großen Ateliers in sieben kleine umgebaut.

In unmittelbarer Nähe – am Käuzchensteig 8 – war 1941 das Staatsatelier für den Bildhauer Arno Breker nach Plänen von Hans Freese errichtet worden. Dort entstanden monumentale Reliefs und Figu-

*Karl Schmidt-Rottluff und seine Frau beim Richtfest des Brücke-Museums am 16.1.1967*

ren im Stil nationalsozialistischer, meist monumentaler Propagandakunst.

Seit dem 12. Juni 2015 ist das Atelier als »Kunsthaus Dahlem« zum ersten Mal dauerhaft für das breite Publikum geöffnet. Künftig sollen hier Ausstellungen, Vorträge und Lesungen angeboten werden. Die Kosten für den Umbau und die Sanierung von ca. 1,2 Millionen Euro wurden aus Mitteln der Stiftung Deutsche Klassenlotterie bezahlt. Der Hauptraum hat eine Fläche von etwa 250 Quadratmetern und ist knapp neun Meter hoch.Während fast alle Dahlemer Museen ins Humboldt-Forum umziehen sollen, kommt hier ein neues kulturelles Angebot hinzu. Das seit 1990 unter Denkmalschutz stehende Haus gehört dem Land Berlin und wird mit Mitteln der Kulturverwaltung gefördert. Träger ist die Atelierhaus Dahlem GmbH, eine Tochtergesellschaft der Bernhard-Heiliger-Stiftung. Bernhard Heiliger lebte und arbeitete als Student von Arno Breker vom Februar 1949 bis zu seinem Tod 1995 in dem Atelier. Er bekam auf dem Friedhof an der Königin-Luise-Straße ein Ehrengrab (Feld 5 – 16/15). Das Hauptatelier wurde seit den 1960er-Jahren von verschiedenen Künstlern, unter ihnen Wolf Vostel, genutzt.

## Die Max-Planck-Gesellschaft

Nach der kriegsbedingten Auslagerung des KWI für Zellphysiologie nahm sein Gründer und Direktor Otto Warburg 1950 seine Arbeit in Dahlem wieder auf. Er starb am 1. August 1970 an den Folgen eines Oberschenkelhalsbruchs, den er sich beim Sturz von der Leiter in der Institutsbibliothek zugezogen hatte. Warburg erhielt auf dem Friedhof Dahlem an der Königin-Luise-Straße ein Ehrengrab (Feld 4–23). In seinem Testament hatte er bestimmt, dass keine Trauerfeier veranstaltet und keine Traueranzeigen verschickt werden sollten. Auch wollte er, dass keine Straße nach ihm benannt werde. Die Warburgzeile in Charlottenburg erinnert an den Physiker Emil Warburg, seinen Vater.

Das Institut für Zellphysiologie wurde geschlossen. Seit März 1978 sind hier die Archive der KWG und der MPG untergebracht – aber nicht vollständig. Wie die »Berliner Zeitung« am 19. August 2008 berichtete, übergab der Mitarbeiter und Lebensgefährte Warburgs, Jacob Heiss, in der Dahlemer Villa am 10. November 1978 gegen 18 Uhr einem Unterleutnant der Stasi-Hauptabteilung I 62 handgeschriebene Tagebücher des Wissenschaftlers. Was sich die DDR für Informationen erhoffte, ist unbekannt. Heute werden die Tagebücher im Archiv der Akademie der Wissenschaften in Berlin aufbewahrt. Jacob Heiss starb 1984 im Alter von 85 Jahren und wurde neben Warburg beigesetzt (Feld 4–22).

Obwohl in den letzten Monaten des Zweiten Weltkriegs viele Institute nach Süd- und Westdeutschland verlagert wurden, baute man den Dahlemer Standort der nunmehrigen Max-Planck-Gesellschaft weiter aus. 1963 und 1974 entstanden die Institute für Elektronenmikroskopie I (Van't-Hoff-Straße 9) und Elektronenmikroskopie II (Ernst-Ruska-Bau, Van't-Hoff-Straße 17), sowie 1987 das Rechenzentrum des Fritz-Habers-Instituts in der Van't-Hoff-Straße 19. Das Institut für Molekulare Genetik wurde 1970 in der Ihnestraße 73 eröffnet.

Das zwischen 1972 und 1974 errichtete Institut für Bildungsforschung und seit 1979 die Berliner Elektronenspeicherring-Gesellschaft für Synchrotonstrahlung (BESSY) liegen beide an der Lentzeallee, aber bereits in Wilmersdorf.

Da durch die Verlagerung vieler Institute etliche Gebäude der KWG leer standen, konnten diese von der 1948 gegründeten Freien Universität genutzt werden.

*Fritz-Haber-Institut der MPG, Rechenzentrum, Van't-Hoff-Straße 19 (24.3.2012)*

## Die Freie Universität Berlin

Die Freie Universität wäre ohne die Ost-West-Spannungen und den Kalten Krieg nie entstanden. Zunächst wurde die Berliner Universität in Mitte am 29. Januar 1946 wiedereröffnet. Die Sowjets unterstellten die Humboldt-Universität der Zentralverwaltung für Volksbildung in ihrer Zone. Somit war dem Magistrat der Vier-Mächte-Stadt Berlin der Einfluss auf die Universität entzogen. Die alt-ehrwürdige Alma Mater stand nun unter alleiniger Kontrolle der sowjetischen Besatzungsmacht und der deutschen Kommunisten. Als Studenten ließ man in der Regel aber nur Widerstandskämpfer, Verfolgte und Antifaschisten zu. Man führte mündliche Gesinnungsprüfungen durch und fragte die Studienbewerber z. B. nach ihrer Meinung zur Bodenreform oder zum Demokratieverständnis. Eine Mitgliedschaft in der SED, der FDJ oder im FDGB garantierte zwar keineswegs einen Studienplatz, konnte aber hilfreich sein. Zum Wintersemester 1947/48 führte man politische Pflichtvorlesungen ein. Studenten, die gegen die einseitige politische Ausrichtung protestierten, wurden relegiert, teilweise verhaftet und

*Blick vom Dach der Mensa in den 1960er-Jahren: links die Wirtschaftswissenschaftler, rechts die Juristen, im Hintergrund rechts das ehemalige KWI für Biologie, links Magazinturm der Universitätsbibliothek und Antenne des AFN*

1.200 Plätzen und die Universitätsbibliothek. Trotz der großen Baumasse wirkt der Komplex in der Villengegend nicht erdrückend, weil das Hauptgebäude die Umgebung nicht überragt – im Gegensatz zum rückwärtigen Magazinturm von 1976. Ein dritter Magazinturm für die 2,5 Millionen Medien wird vorläufig dennoch nicht gebaut. Wenn einmal die Finanzierung gesichert sein sollte, wird die Universitätsbibliothek um einen Neubau erweitert, der dann auch die Bibliotheken der benachbarten Sozial-, Rechts- und Wirtschaftswissenschaften aufnehmen würde.[66]

Deren Institute wurden in den Jahren 1957 bis 1959 auf dem ehemaligen botanischen Versuchsflächen des KWI für Biologie zwischen Gary- und Van't-Hoff-Straße gebaut. Die Entwürfe lieferten die Architekten Geber und Risse. Diese Gebäude »waren nicht nur in ihrer räumlichen Kapazität bald erschöpft; auch im Erscheinungsbild und im baulichen Standard weisen sie einen besonderen Grad der Schlichtheit auf, der wohl nicht allein durch die schwierigen Verhältnisse der damaligen Zeit zu erklären ist«.[67]

Entlang der U-Bahntrasse wurden 1961 das Osteuropa-Institut (Garystraße 21) und 1962 das Otto-Suhr-Institut (Ihnestraße 21) eröffnet. Zuvor verschwand ein 1913 erbauter Abstellschuppen für die U-Bahn, der der FU einige Jahre als Hör- und Festsaal gedient hatte. Damit waren die Baulandreserven im Bereich Garystraße/Ihnestraße erschöpft. Das 1927 eröffnete Institut für Anthropologie, menschliche Erblehre und Eugenik in der Ihnestraße 22/24 wurde 1975 Teil des Otto-Suhr-Instituts (OSI) für Politologie, wo Gesine Schwan seit 1977 Professorin war. Der Politikwissenschaftler Otto Heinrich von der Gablentz hatte als Direktor der Deutschen Hochschule für Politik diese Einrichtung 1959 in das OSI und damit in die FU überführt. Er war Mitbegründer der Evangelischen Michaelsbruderschaft, Mitglied der Widerstandsgruppe »Kreisauer Kreis« und Gründungsmitglied der CDU. Von 1951 bis zu seinem Tod 1972 wohnte er in der Habelschwerdter Allee 24 im dritten Stock rechts.

1963 entstanden in der Arnimallee 22 Räumlichkeiten für mehrere chemische Institute und in der Fabeckstraße 34/36 ein siebengeschossiges Hochhaus für die Anorganische Chemie. 1965 gingen an der Königin-Luise-Straße das II. Mathematische Institut (Nr. 24/26) und das Institut für Atom- und Festkörperphysik (Nr. 28/30) in Betrieb. Östlich der Takustraße baute man Anfang der 1970er-Jahre unter Abriss der Villa Vogel in der Arnimallee 16 die physikalischen Institute.

In den 1960er-Jahren geriet die Ordinarienuniversität, zu der sich die Freie Universität entwickelt hatte, immer mehr in die Kritik. Die FU gehörte – mit dem Studenten Rudi Dutschke – zu den Zentren der Studentenbewegung in Deutschland. Besetzungen von Instituten und Störungen des Lehrbetriebs beeinträchtigten die Arbeitsfähigkeit der Hochschule. Zudem gab es antiamerikanische Proteste, weshalb die USA die finanzielle Förderung einstellte. Mit einer demokratisch geprägten Verwaltungsreform 1969 konnten schließlich viele Forderungen erfüllt werden.

Die letzten Freiflächen in Dahlem weckten Begehrlichkeiten der ständig expandierenden Universität. So plante man auf dem Großen Feld der Domäne Dahlem an der Pacelliallee seit 1962 ein Sportzentrum mit Plätzen und Sporthallen. Als die Domäne 1976, seit 1958 Eigenbetrieb der Berliner Stadtgüter, wegen fehlender Rentabilität aufgelöst wurde, schien die Chance auf Umsetzung der Pläne gekommen. Es gab bereits einen Architektenentwurf, doch 1980 musste man das

*Das 1961 errichtete Osteuropa-Institut in der Garystraße 55*

Projekt wegen finanzieller Probleme aufgeben. Und die Dahlemer waren erleichtert und lästerten: Na so ein Pech!

Anders verhielt es sich mit dem ehemaligen Obstbaugelände zwischen Fabeckstraße und Thielallee. Ursprünglich für Staatsbauten rerserviert, befanden sich hier einst zwei Einrichtungen der Berliner Universität: Das Institut für Obstbau (heute etwa Philologische Bibliothek) und seit 1935 das Forschungslaboratorium für Höhenstrahlung (heute etwa nördliches Ende des Theaterhofes). Daraus wurde das erste Meteorologische Institut der FU. Es zog 1951 in die Podbielskiallee 62 um (heute Residenz des indischen Botschafters).

Hatte man 1948 mit 2.140 Studenten begonnen, waren es 1960 schon 12.300. Um der ständig wachsenden Raumnot zu begegnen, schrieb man 1962/63 einen Architektenwettbewerb aus. Den ersten Preis bekamen die Pariser Architekten Candilis, Josic und Woods. Sie konzipierten ein kompaktes, netzartiges Bebauungssystem, das nach allen Seiten und auf vier Geschosse erweitert werden konnte. Die Belichtung erfolgt über kleine, begrünte Innenhöfe. Es gibt drei sogenannte Erschließungsstraßen J, K und L, die von engeren, nummerier-

*Lieferzufahrt der Rostlaube (6.2.2016)*

ten Nebenstraßen gekreuzt werden. Man wählte die Buchstabenbezeichungen aus der Mitte des Alphabets, um Erweiterungsmöglichkeiten deutlich zu machen. Das führte zu seltsamen Raumbezeichnungen wie z. B. KL 32/102. Der Autor hat sich immer schwer damit getan, seine Seminarräume zu finden. Die schmalen Querstraßen wurden zum Problem, als sich ein zweiter Haupteingang durch die 1983 eröffnete Mensa II ergab.

Trennwände waren demontierbar, denn eine klare räumliche Institutsabgrenzung wurde absichtlich vermieden. So sollte interdisziplinäre Arbeit und Kooperationen befördert werden. Das geplante Postamt und eine Kita wurden nie verwirklicht, Aufenthaltsbereiche später in Büros umgewandelt.

Die Außenhaut bestand aus Corten-Stahl, der eine schützende Rostschicht schaffen sollte. Die Dahlemer Villenbesitzer waren empört, ähnelte das Gebäude außen doch eher einer vergammelten Fabrik. Die Fassade rostete auch noch durch und musste saniert werden. Dementsprechend heißt das Gebäude »Rostlaube«. Es wurde am 13. Februar 1973 nach sechsjähriger Bauzeit eröffnet. Der Erweiterungsbau mit der großen Mensa konnte zwischen 1978 und 1983 abschnittsweise bezogen werden. Für die Fassade verwendete man dieses Mal Aluminium, was zur Bezeichnung »Silberlaube« führte.

Der spektakuläre Neubau der Philologischen Bibliothek des renommierten britischen Architekten Lord Norman Foster (Reichstagskuppel) wurde am 14. September 2005 eröffnet, wofür sechs Innenhöfe zusammengelegt wurden. Foster entwarf eine freitragende kuppelartige Gebäudehülle, die die innere Baukonstruktion weit umspannt. Die Bibliothek vereinigt die Bestände von elf Teilbibliotheken und bietet heute 750.000 Bände an. Da der Bau von außen an die Form eines Gehirns erinnert, erhielt es den Spitznamen »the Berlin brain – das Berliner Hirn«.

Auf der letzten Freifläche an der Fabeckstraße 23–25 legte man am 29. August 2012 den Grundstein für einen Neubau. Hier wurden die sogenannten 17 kleinen Fächer der Geschichts- und Kulturwissenschaften unter einem Dach zusammengeführt. Der neue Bauabschnitt nennt sich wegen seiner Holzverkleidung in Anlehnung an Rost- und Silberlaube konsequenterweise »Holzlaube«.

Bestandteil der Holzlaube ist die neue dreigeschossige »Campusbibliothek Natur-, Kultur- und Bildungswissenschaften, Mathematik, Informatik und Psychologie«, die am 20. April 2015 eröffnet wurde. Sie umfasst die Bestände von ehemals 24 Instituts-, Bereichs- und Fachbereichsbibliotheken der FU mit über einer Million Bände. Gleichzeitig hat man Zugang zur ehemals eigenständigen Erziehungswissenschaftlichen Bibliothek, die am 11. Juli 1984 eröffnet wurde. Architektonisches Highlight ist der Lichthof, zu dem sich sieben halbgeschossige gegeneinander versetzte Ebenen öffnen. Die Pflanzen unter dem Glasdach erinnern an ein Gewächshaus. Die Bibliotheks-Gebäudeteile von 1984 und 2015 bilden nun zusammen eine Bibliothek, ohne dass eine Sicherheitsschleuse beim Übergang zwischen Neu- und Altbau durchschritten werden muss.

Die Rost- und Silberlaube haben sich in der FU-Landschaft zwar etabliert, geschätzt hat man die Gebäude aber nie. Neben der Anonymität und der Unübersichtlichkeit kam es zu einer fortschreitenden Verwahrlosung. Der Literaturwissenschaftler Eberhard Lämmert, von 1976 bis 1983 FU-Präsident, bezeichnete den Komplex 1991 als »unlustbesetztes Monstrum«[68] und die Berliner Morgenpost sprach 1978 von »architektonische(n) Abnormitäten«[69]. Insbesondere Frauen fühlen

*Bildmitte die Silberlaube, dahinter die Rostlaube, rechts die Holzlaube (6.5.2016)*

sich abends durch schlechte Beleuchtung und viele Nischen unsicher. Ab 1993 musste der Asbest entfernt werden, Dächer und Fassaden wurden saniert.

Die Freie Universität mutierte in den 1980er-Jahren allmählich zu einer Massenuniversität. Die Leistungsfähigkeiten der Dozenten und die Größe von Seminarräumen hatten Grenzen. Lehrveranstaltungen mit weit über 100 Teilnehmern sprengten alle Maßstäbe. Von 14.787 Studierenden im Sommersemester 1969 stieg die Zahl auf den Höchststand von 62.072 im Wintersemester 1991/92. Oft wusste man sich nicht anders zu helfen, als für viele Studiengänge den Numerus clausus sowie Immatrikulations- und Rückmeldegebühren einzuführen. Die massiven Proteste der Studierenden gegen die Einsparungen mit Demonstrationen, Streiks und der Besetzung des Präsidialamtes im Wintersemester 1997/98 nutzten nichts: Der Berliner Senat beschloss, die Studienplätze an der FU drastisch zu reduzieren. So lag die Zahl der Studierenden im Wintersemester 2002/003 nur noch bei 43.885 und schrumpfte im Wintersemester 2005/06 auf 34.936. Die Hälfte dieses Rückgangs ist auf die Verlagerung der Humanmedizin 2003 zur

Charité zurückzuführen. Die Medizinstudenten tauchen seitdem nicht mehr in der Statistik der FU auf.

Heute hat die Freie Universität 30.600 Studierende, 481 Professoren, 5.750 Doktoranden und insgesamt 4.270 Beschäftigte (2015). Sie bietet aktuell 184 Studiengänge in zwölf Fachbereichen und drei Zentralinstituten an.[70] Die FU schnitt im Oktober 2007 in der Exzellenzinitiative des Bundes und der Länder in allen drei Förderlinien erfolgreich ab. Das bedeutete Forschungszuschüsse in Millionenhöhe.

Nach einer Auflistung des britischen »QS World University Rankings« vom März 2016 gehört die FU in Pharmazie (Rang 45) und Veterinärmedizin (Rang 44) zu den besten 50 Hochschulen weltweit. In den Politikwissenschaften belegt die FU global Rang 18, in Archäologie sogar Rang 11.[71] Der Aussagewert solcher Rankings ist zwar umstritten, dennoch wird zumindest deutlich, dass sich die Freie Universität in einzelnen Fächern international gesehen einen Namen gemacht hat.

Fünf Angehörigen der Freien Universität Berlin wurden sogar Nobelpreise verliehen. 1986 erhielt der 80-jährige Ernst Ruska den Nobelpreis für Physik. Er hatte wesentlichen Anteil an der Entwicklung des Elektronenmikroskops ein halbes Jahrhundert zuvor. Er wurde 1949 Professor an der FU und wohnte von 1963 bis 1978 auch in Dahlem, im Falkenried 7. Der Volkswirt und Mathematiker Reinhard Selten lehrte von 1969 bis 1972 an der FU und erhielt 1994 den Nobelpreis für Wirtschaftswissenschaften. Der Physiker Gerhard Ertl wurde 1986 Direktor der Abteilung Physikalische Chemie am Fritz-Haber-Institut der MPG in Berlin. Außerdem lehrte er als Honorarprofessor an der FU. 2007 erhielt er den Nobelpreis für Chemie. Im gleichen Jahr erhielt der UN-Klimarat den Friedensnobelpreis. Dessen federführender Mitarbeiter ist der Meteorologe Ulrich Cubasch. Er ist seit 2002 Professor an der FU und wirkte an den Reports des Weltklimarates mit. Die Schriftstellerin Herta Müller war 2005 Gastprofessorin für deutschsprachige Poetik. Vier Jahre später erhielt sie den Nobelpreis für Literatur.

## Die Gaststätten

Im Gegensatz zur Kolonie Grunewald und Schmargendorf hat es in Dahlem nur wenige Ausflugslokale gegeben. Drei Gründe dürften dafür maßgebend sein: Erstens lag Dahlem etwas abseits, erst 1905 fuhr

*Der Alte Krug*

eine Straßenbahn hierher. Zweitens warb der Domänenfiskus mit der herrlichen Ruhe in Dahlem, wie sie sich potenzielle private Bauherren und wissenschaftliche Institute wünschten. Lärmende Groß-Lokale mit Militärkapellen, Feuerwerk und viel Verkehr wollte man nicht. Drittens ging die Epoche dieser Massenlokale zur Zeit der Aufteilung der Domäne 1901 allmählich zu Ende.

Das bekannteste Lokal dürfte der – relativ kleine – »Alte Krug« an der Königin-Luise-Straße 52 sein. In dem Gebäude von 1865 wurde auch Milchhandel betrieben, da die Einnahmen durch einkehrende Gäste anfangs zu gering waren. Das 1870 eröffnete Lokal »Alter Krug« mit Gartenlokal wurde 1953 baulich erweitert.

An der Königin-Luise-Straße 101 Ecke Clayallee lag das Restaurant »Waldfrieden«. Nach der Beseitigung der Kriegsruine wurde 1955/56 auf dem Grundstück dann eine Tankstelle eröffnet, die sich noch heute dort befindet.

Das »Chalet Suisse« steht am Ende der Autozufahrt in den Wald in gedachter Verlängerung der Königin-Luise-Straße (Clayallee 99). Die Ursprünge des Ausflugslokals gehen auf die 1920er-Jahre zurück, als

*Die ›Eierschale‹ von der Schorlemer Allee aus gesehen (17.2.2016)*

hier das »Kurhaus Grunewald« zur Rast einlud. 1973 eröffnete Heinz von Burg ein Restaurant mit gehaltvoller Schweizer Küche. Seit dem 6. April 2001 bewirtet Josef Diekmann hier seine Gäste.

Das »Forsthaus Paulsborn« am Grunewaldsee (Hüttenweg 90) wurde 1905 errichtet, die feuchte Wiese aufgefüllt und zum Kaffeegarten umgestaltet.

Die »Eierschale« begann 1952 als Jazzkneipe in einer Schöneberger Kriegsruine, nach dem Umzug an den Breitenbachplatz 1956 traten hier Weltstars wie Louis Armstrong, Ella Fitzgerald und Duke Ellington auf. 1977 erfolgte erneut ein Umzug in die Podbielskiallee 50. Als das Unternehmen am 14. Dezember 2000 wegen Überschuldung einen Insolvenzantrag beim Amtsgericht Charlottenburg einreichen musste, schien das Ende besiegelt. Doch 2008 wurde die »Eierschale« unter neuer Regie wiedereröffnet.

Im 1914 errichteten Holzhaus in der Königin-Luise-Straße 87 eröffnete das Restaurant »Villa Borbone«. Am 28. Januar 2012 brach gegen 19:40 Uhr im Dachstuhl ein Feuer aus, der das Haus unbenutzbar machte. Die Brandruine verfiel und wurde 2014 abgerissen.

## Streiflichter durch das Baugeschehen

In den ersten beiden Jahrzehnten nach dem Zweiten Weltkrieg ging man mit der historischen Bausubstanz nicht zimperlich um. So wurde das rund 150 Jahre alte Fachwerkhaus in der Königin-Luise-Straße 54 (neben dem Alten Krug) 1953 weggerissen.

Es traf auch große Landhäuser, die gerade ein halbes Jahrhundert alt waren. So verschwand im Frühjahr 1972 das Haus Dohnenstieg 6/8, das sich der Zeitungsverleger Dr. Wolfgang Huck 1922 errichten ließ. Ihm gehörten u.a. die *Neue Mannheimer Zeitung* und die *Münchener Zeitung*.

Am Hirschsprung 48 Ecke Finkenstraße 19 ließen sich die Bankdirektoren Wilhelm Tang und Robert Bernheim 1923–24 vom Stararchitekten Otto Rudolf Salvisberg eine repräsentative Villa errichten. 1938 wurden sie zum Verkauf gezwungen. Anschließend bewohnte der NS-Minister für Wissenschaft, Erziehung und Volksbildung Bernhard Rust das Haus. Nach der Requisition durch das US-Militär folgte eine Nutzung als psychiatrisches Privathospital unter dem Namen Kurheim Finkenhof. Das Haus wurde zwischen 1975 und 1977 abgerissen. Die verklinkerte Einfriedungsmauer mit dem Emblem von Salvisberg (drei Berge und drei Sterne) ist heute nur noch teilweise vorhanden.

Viele abgeräumte Grundstücke wurden anschließend verdichtet bebaut. Mit dem Berliner Denkmalschutzgesetz von 1978 stellte man etliche Landhäuser unter Schutz, sodass ein Abriss nicht mehr so einfach ist. Es ist geltende Rechtslage, dass der Eigentümer eines Baudenkmals wirtschaftlich nicht unverhältnismäßig belastet werden darf. Heute stehen rund 100 Villen in Dahlem unter Denkmalschutz. Dazu gehören auch Objekte aus den 1960er-Jahren wie die Häuser Englerallee 27 von 1964 und Im Schwarzen Grund 18 von 1968.

Die Rudolf Steiner Schule (freie Waldorfschule) bezog 1949 in zwei Dahlemer Bunkern Quartier. 1968 standen erste Erweiterungsbauten an der Clayallee 118 zur Verfügung, 1976 konnte man das Grundstück Auf dem Grat 1–3 erwerben. Es kam zu mehrfachen Erweiterungen, doch die Dahlemer reagieren empfindlich, wenn die bevorzugte Lage ihrer Villen eine – tatsächliche oder gefühlte – Wertminderung erfährt. Das bekam auch die Rudolf Steiner Schule zu spüren. Die hatte im Herbst 2004 mit der Genehmigung des Bezirksamts begonnen, ihre Schule an der Clayallee um ein eingeschossiges Gebäude zu erweitern.

Weil das aber nur zehn Meter von den Nachbargrundstücken entfernt liegt, klagten die Anwohner – mit Erfolg: Der Bau durfte nicht bezogen werden, die Schüler mussten in Container ausweichen. Später wurde ein Vergleich erreicht, über den man selbstverständlich Stillschweigen vereinbarte.

Das seit 2000 leer stehende Oskar-Helene-Heim wurde noch einige Jahre teilweise von Onkologen, Sportmedizinern und Kinderärzten genutzt. In den verwaisten Gebäudeteilen drehte man Krankenhausszenen, aber auch Krimis wie »Polizeiruf 110« oder »Tatort«.

Am 8. März 2012 erwarb DIE WOHNKOMPANIE Berlin GmbH das Grundstück und ließ den Komplex 2013 abreissen. Das betraf auch das erst 1995 gebaute Sportmedizinische Zentrum an der Clayallee 225C. Von der alten Bausubstanz bleiben nur das Direktorenhaus an der Clayallee (Einbau von sechs Wohnungen) und das Schwesternwohnheim an der Waltraudstraße 45 erhalten. Im Wohnheim am Wald (33.000 Quadratmeter Landschaftschutzgebiet) bietet die FU nun 72 Apartements für Studierende und Gastwissenschaftler an.

Am 4. Juni 2014 wurde auf dem südlichen Teil des Areals der Grundstein für den Oskar-Helene-Park gelegt. Hier entstanden Etagenwohnungen, Doppel- und Reihenhäuser und drei Stadtvillen mit insgesamt 127 Eigentumswohnungen in der Größe von 65 bis 180 Quadratmetern. Die Entwürfe für das 66-Millionen-Euro-Projekt stammen vom Berliner Architekturbüro Becher + Rottkamp.

Auf dem nördlichen Teil eröffnete am 19. September 2015 der Gesundheitsstandort »eins-alles für die Gesundheit«. Hier finden sich das Fitness-Center MeridianSpa, die Seniorenresidenz »Ayano« sowie der Kita-Neubau »Kiddies International«. Zudem betreibt die Pneumocare GmbH, eine Tochtergesellschaft vom HELIOS Klinikum Emil von Behring, an der Clayallee 225A Facharztpraxen für Thoraxchirurgie, Lungenheilkunde, Infektiologie, Reisemedizin und Innere Medizin.[72]

Am Hegewinkel 3/5/7 baute der Investor »conwert« 2012/13 das »Dahlem Paradise« mit 54 Wohnungen in Stadtvillen, Townhäusern und Doppelhausvillen.[73]

Rund um das 1909 eröffnete Paulinum im Block zwischen Wichern-, Ehrenberg- und Altensteinstraße sowie Reichensteiner Weg begannen 2014 umfangreiche Bauarbeiten. Hinter dem alten Hauptgebäude, an der Wichernstraße 5 und 7, waren in den 1920er-Jahren zwei Wohngebäude entstanden. In Nr. 5 wohnte der Olympiateilnehmer und Sport-

*Neue Stadtvillen an der Wichernstraße, rechts Altensteinstraße (27.2.2016)*

journalist Kurt Doerry, in Nr. 7 der Pfarrer Dr. Gerhard Füllkrug. Der »Central-Ausschuß für Innere Mission« im Paulinum hatte ihn 1916 zum geschäftsführenden Direktor berufen. Nach dem Abbruch der Häuser entstanden 2014/15 an der Wichern- und Ehrenbergstraße fünf Stadtvillen mit Zwei- bis Sechs-Zimmer-Eigentumswohnungen zwischen 105 und 322 Quadratmetern Größe. Diese sind allerdings nur etwas für Vermögende: Eine Vier-Zimmer-Dachgeschosswohnung mit 181 Quadratmetern kostet 1,1 Millionen Euro, für eine Sechs-Zimmer-Dachgeschosswohnung muss man 1,7 Millionen Euro aufbringen.

Die Projektentwickler Diamona & Harnisch hatten das gesamte Areal erworben, verkauften jedoch die beiden Altbauten des Paulinums an die F & B Asset Holding GmbH. In den denkmalgeschützten Gebäuden wurden bis 1999 über Jahrzehnte im Evangelischen Theologischen Seminar Pfarrer oder Stadtmissionare auf dem Zweiten Bildungsweg ausgebildet. Anschließend zog die Hauptgeschäftsstelle des Diakonischen Werkes ein.

Die F&B-Gruppe und die Kölner Pantera AG wollen in beiden Häusern demnächst 41 Luxusappartements einrichten. Die Wohnungen umfassen zwei bis fünf Zimmer bzw. 48 bis 200 Quadratmeter, alle mit Balkon, Loggia oder Zugang zum Garten. Der Quadratmeter kostet zwischen 5.280 Euro und 7.000 Euro. Die Investoren nennen Ihr Projekt »Oxford Living«, weil ein gehobener Stil der englischen Landhausarchitektur vorgesehen ist. Der Name der Stadt Oxford bezieht sich aber auch auf den oft bemühten Vergleich von Dahlem mit der britischen Universitätsstadt.

In Dahlem zu wohnen, hat immer noch seinen Preis. »In Steglitz-Zehlendorf ist Dahlem die Wohnlage mit den höchsten Durchschnittspreisen pro Quadratmeter von elf Euro und mehr.«[74]

## Das diplomatische Viertel

Die erste Botschaft, die in Dahlem ihren Sitz hatte, nutzt ihr Gebäude noch heute. 1939 zog Thailand in die um 1914 erbaute Villa in der Podbielskiallee 1. Thailand war im Zweiten Weltkrieg neutral. Trotzdem wurde das Gebäude mehrfach beschädigt. Die Reichsregierung finanzierte den Einbau eines Luftschutzbunkers, der auch den Anwohnern zur Verfügung stand. Das Gebäude stand lange leer und wurde von 1974 bis 1983 als Pflegeheim genutzt. Dann kamen die Thailänder zurück, renovierten das Haus und unterhielten dort seit 1985 ein Generalkonsulat. Im August 1999 eröffnete Thailand ein neues Botschaftsgebäude in der Steglitzer Lepsiusstraße. Das alte Gebäude in Dahlem wurde 1997/98 zur Residenz des thailändischen Botschafters umgebaut.

Nach dem Zweiten Weltkrieg siedelten sich die ersten diplomatischen Einrichtungen in Dahlem an. Es begann 1947 mit den Militärmissionen der Tschechoslowakei (Podbielskiallee 52), Dänemark (Gelfertstraße 23/25) und Schweden (Hüttenweg 7). Diese Militärmissionen unterstanden dem Allierten Kontrollrat, d.h. es erfolgte keine Akkreditierung beim Bundespräsidenten oder beim Regierenden Bürgermeister. Die »Österreichische Delegation« war von 1952 bis 1990 in der Hittorfstraße 14 (Baujahr 1914) ansässig.

In den 1960er-Jahren kamen Argentinien, Bolivien und Chile mit ihren Konsulaten hinzu. Bis 1990 hatten insgesamt 13 Staaten ihre diplomatischen Vertretungen zeitweilig in Dahlem. Später richtete sogar die Sowjetunion ein Generalkonsulat am Reichensteiner Weg 34/36 ein. Hier hatte es bei einem Sprengstoffanschlag am 7. Mai 1980 er-

*Residenz des thailändischen Botschafters (24.6.2013)*

heblichen Sachschaden gegeben. 1991 wurde Berlin wieder Hauptstadt des wiedervereinigten Deutschlands und etliche Staaten verlegten ihre Botschaften oder Residenzen nach Dahlem.

## Übersicht von Botschaften und Residenzen in Dahlem[75]

| Land | Adresse | Gebäude | Status |
|---|---|---|---|
| Afghanistan | Thielallee 68 | vorhanden | Residenz |
| Äquatorial Guinea | Rohlfsstraße 17–19 | vorhanden | Botschaft |
| Argentinien | Auf dem Grat 52 | vorhanden | Residenz |
| Benin | Englerallee 23 (seit 2006) | vorhanden | Botschaft |
| Dänemark | Podbielskiallee 34 | vorhanden (Bj. 1926) | Residenz |
| Indien | Podbielskiallee 62 | vorhanden | Residenz |
| Indonesien | Rudeloffweg 7 | vorhanden | Gen.-Konsulat |
| Irak | Pacelliallee 19–21<br>Fohlenweg 2 | vorhanden (Bj. 1926)<br>Neubau (2002) | Botschaft<br>Residenz |

| Land | Adresse | Gebäude | Status |
|---|---|---|---|
| Iran | Podbielskiallee 65–67 | Neubau (2005) | Botschaft |
| Jordanien | Podbielskiallee 59 | vorhanden | Residenz |
| Kanada | Podbiekskiallee 6–8 | Neubau (2000) | Residenz |
| Kenia/Losotho | Altensteinstraße 17 | Neubau (2003) | Residenz |
| Libanon | Spechtstraße 19 | vorhanden | Residenz |
| Libyen | Podbielskiallee 42 | vorhanden (Bj. 1914) | Botschaft |
| Marokko | Im Dol 48 | vorhanden (Bj. 1915) | Residenz |
| Myanmar (Burma) | Thielallee 19<br>Altensteinstraße 43 | vorhanden<br>vorhanden | Botschaft<br>Residenz |
| Oman | Clayallee 82 | Neubau (2003) | Botschaft |
| Schweden | Pücklerstraße 42/44 | vorhanden | Residenz |
| Sudan | Im Dol 40 | vorhanden | Residenz |
| Thailand | Podbielskiallee 1 | vorhanden (Bj. 1914) | Residenz |
| Turkmenistan | Königin-Luise-Straße 31 | vorhanden (Bj. 1917) | Botschaft |
| Ukraine | Am Erlenbusch 16 | vorhanden | Residenz |
| Ungarn | Englerallee 25 | vorhanden | Residenz |
| USA | Clayallee 170<br>Finkenstraße 21 | vorhanden<br>vorhanden (Bj. 1922) | Konsularabt.<br>Residenz |
| Zypern | Auf dem Grat 6 | vorhanden | Residenz |

Im Haus Podbielskiallee 62, in dem sich heute die Residenz des indischen Botschafters befindet, war von Februar 1946 bis zum August 1950 die nationalchinesische Militärmission untergebracht. Von 1951 bis 1997 war das Meterologische Institut der FU hier tätig. Die Residenz des Botschafters von Kanada in der Podbielskiallee 6/8 wurde von der Architektin Marina Stankovic geplant und 2000 fertiggestellt. Es gab dort ein freies Grundstück, weil die Villa, die zuvor auf dem Gelände gestanden hatte, abgebrannt war. In ihr hatte Cecilia Freifrau vom Heiligensee gewohnt. Sie starb 96-jährig an einer Rauchvergiftung, als sie versehentlich einen fünfarmigen Kerzenleuchter umstieß.

Der Irak erwarb 2010 das Haus Semmel von 1925/26 in der Pacelliallee 19/21 als Botschaftsgebäude. Die Anlieger betrachteten die Botschaft aber als Gefahr, da sie Attentate befürchteten. Einer von ihnen stellte im April 2010 vor dem Verwaltungsgericht vergeblich einen Eilantrag, um die Nutzung des Gebäudes als Botschaft untersagen zu lassen.

*Residenz des kanadischen Botschafters (27.2.2016)*

Der Botschafter des Königreiches Marokko residiert im ehemaligen Wohnhaus des Generals Lucius D. Clay, dem Kommandeur der US-amerikanischen Besatzungszone und Initiator der Luftbrücke (Im Dol 46/48).

Im Haus Podbielskiallee 42 (Baujahr 1914) war von 1969 bis zum 23. März 2005 das Ostasiatische Institut der Freien Universität untergebracht. Seither residiert hier die Botschaft von Libyen. Es wurde schon darauf hingewiesen, dass Max Schmeling in den 1930er-Jahren dort wohnte.

Im gediegenen Dahlem ließen sich auch zahlreiche Prominente nieder, worauf schon ausführlich eingegangen wurde. Nicht alle Adressen sind bekannt – aus gutem Grund. Aber man sieht von Zeit zu Zeit die Limousinen durch Dahlem rauschen oder einen auffällig-unauffälligen Wachschutz vor einer Villa patrouillieren. Bundespräsident Joachim Gauck etwa zog am 17. Juli 2012 von seiner Schöneberger Privatwohnung in der Nymphenburger Straße 3 in die Dienstvilla Pücklerstraße 14 um, weil er seinen Nachbarn die Einschränkungen durch die Sicherheitsmaßnahmen nicht länger zumuten wollte. Bis zur Fertigstellung des Bundeskanzleramtes im Mai 2001 wohnte Gerhard Schröder in dem Haus.

Der am 31. Januar 2015 verstorbene Alt-Bundespräsident Richard von Weizsäcker wohnte gut bewacht in der Meisenstraße 6. Er wurde nach einem Staatsakt am Berliner Dom am 11. Februar auf dem Waldfriedhof Dahlem beigesetzt. Seine Nachbarin war die 1997 verstorbene Schauspielerin Camilla Spira (Meisenstraße 4). Die Villa Miquelstraße 66 (Baujahr 1912) war als Amtswohnsitz des Bundestagspräsidenten vorgesehen. Doch Wolfgang Thierse blieb lieber in seinem Kiez in Prenzlauer Berg wohnen und überließ das Haus dem damaligen Bundespräsidenten Johannes Rau.

Nicht auf alle namhaften Persönlichkeiten und nicht auf jedes interessante Gebäude konnte hier eingegangen werden. Zeit, Umstände und Umfang setzen Grenzen. Dahlem hat heute rund 16.000 Einwohner, etwa zehn Mal so viel wie vor 120 Jahren. Seither ist viel geschehen. Die Dahlemer Institute der KWG/MPG zehren noch vom Weltruhm der frühen Jahre, aber im Ortsbild dominiert heute eher die Freie Universität Berlin. Aus dem Provisorium ist eine große, respektable Universität geworden, die mit ihrem einstigen »Gegner«, der Humboldt-Universität zu Berlin, längst fruchtbar zusammenarbeitet. Dass die US Army mit ihren militärischen und zivilen Einrichtungen über fast 50 Jahre ganze Straßenzüge prägte, erscheint rückblickend fast wie eine Episode. Bis auf das Große Feld der Domäne und die Felder der Landwirtschaftlichen Fakultät sind alle großen Freiflächen bebaut. Man darf gespannt sein, wie sich die Geschichte von Dahlem davon ausgehend weiter entwickeln wird.

# ANHANG

## Anmerkungen

1 Zit. nach Nagel, Max: Dahlems Geschichte. Berlin 1929, S. 19.
2 Nagel, S. 55 f. weist auf auf eine Grenzüberprüfung vom 17. November 1769 hin und folgert daraus, dass das Lokal zu dieser Zeit schon bestand.
3 Nagel, S. 11 f.
4 Melms, S. 82: »Die Schreibweise ›Willmerstorff‹ ist allein in dieser Form richtig. Auf seinem Epitaph in der St.-Annen-Kirche wird der Name stets so geschrieben.«
5 Teltower Kreisblatt vom 28. Dezember 1894, S. 3.
6 Melms, S. 87.
7 Pr. Br. Rep. 2, N. 912.
8 In vielen Publikationen und im Internet (bspw.: https://de.wikipedia.org/wiki/Carl_Friedrich_von_Beyme, 25.4.2016) wird Beymes Todestag mit dem 10. Dezember angegeben, Sterbeort sei Steglitz gewesen. Das ist nicht richtig. Im Kirchenbuch Steglitz 1838 steht auf S. 98 unter No. 6 (Evangelisches Zentralarchiv Berlin: Nr. 2599/2) zu seinem Todestag: »den 8ten achten Decemb. zu Berlin / abends 7 Uhr«. Zu seiner Beisetzung lautet der Eintrag: »den 13ten Decb. / in Dalem beigesetzt im Erbbegräbniß«.
9 Melms, S. 114 schreibt »Sonntagabend (3. Januar)«, doch im Teltower Kreisblatt vom 5. Januar 1892 steht auf S. 5: »Am Sonnabend Abends kurz nach 11 Uhr ...«
10 Teltower Kreisblatt vom 30. Juli 1895, S. 3.
11 Teltower Kreisblatt vom 30. Juni 1883, S. 6.
12 Beim Dampfpflügen kamen zwei Dampfmaschinen auf Rädern zum Einsatz, die auf festen parallelen Feldwegen standen. Zwischen beiden Maschinen zog man einen Pflug auf Rädern an einem daumendicken Stahlseil von einer Feldseite zur anderen. Dort angekommen, wurde er an der Radachse so gekippt, dass die aufrechtstehenden Scharen Bodenkontakt bekamen, dafür standen die Scharen auf der anderen Seite des Pfluges aufrecht. Nun zog die andere Maschine den Pflug zurück, sodass kein Wenden nötig war.
13 Lt. Engel 1984, S. 37, ergibt sich rechnerisch aus Tab. 2; Melms: S. 135, 26. April 1905. »Seit Beginn der Aufteilung des Domänengeländes sind in Dahlem bis heute über 60 Häuser und Villen erbaut worden.«
14 Lesser, Katrin (Bearb.): Gartendenkmale in Berlin. Privatgärten. Beiträge zur Denkmalpflege in Berlin 21. Petersberg 2005, S. 136.
15 Landesdenkmalamt Berlin (Hrsg.): Denkmale in Berlin. Bezirk Steglitz-Zehlendorf. Ortsteil Dahlem. Petersberg 2011, S. 232.
16 Freundliche Mitteilung vom Referent des Präsidenten – Büro des Bundestagspräsidenten vom 9.11.2015.
17 Melms, S. 157.
18 Freundliche Mitteilung von Werner Weilhard (ehem. Lehrer) vom 8.3.2016.
19 Freundliche Mitteilung der persönlichen Assistentin von Prof. Dr. Christian Schwarz-Schilling vom 8.3.2016.

20 Freundliche Mitteilung von Rolf Seelmann-Eggebert vom 16.3.2016.
21 Mende, Hans-Jürgen und Debora Pfaffen: Friedhof Dahlem und St. Annen. Ein Friedhofsführer. Berlin 2007, S. 24.
22 Lt. Todesanzeigen im Berliner Tageblatt, 14.1.1912, S. 15.
23 Nagel, S. 41 nennt mit dem 27. Juni 1914 das falsche Datum. Vgl. Berliner Volkszeitung, 27.5.1914, Abendausgabe, S. 3: »Die Einweihung des neuen Krüppelheims in Zehlendorf fand heute Mittag in Gegenwart der Kaiserin statt.« und Festschrift »100 Jahre Oskar-Helene-Heim«, S. 12.
24 Derenbach, Rolf: Dahlem – Berliner Domäne der Villen, der Bildung und der Wissenschaft. (Diss. FU Berlin). Berlin 2013, S. 14.
25 Freundliche Mitteilung vom 17.11.2015 von Irene von Trotha, Königliche Gartenakademie GmbH & Co.KG.
26 Robert Koch wurde 1880 an das Kaiserliche Gesundheitsamt in Berlin berufen. Hier entdeckte er 1882 den Tuberkuloseerreger und erhielt dafür 1905 den Nobelpreis für Medizin und Physiologie.
27 Meißner, Bettina u.a.: Villen, Rost- und Silberlauben nennt auf S. 30 mit dem 26.10.1912 ein falsches Datum der Eröffnung, vgl. Berliner Tageblatt vom 2.11.1912, Abend-Ausgabe, S. 4.
28 Welge, Helmut: Wissenschaftsfinanzierung im Dritten Reich, Diss., Berlin 2014, S. 140: »Das Wissenschaftsministerium kündigte im Staatshaushalt 1936 die Errichtung eines Instituts für Höhenstrahlenforschung … an.«
29 Im Garten des Harnack-Hauses erinnert ein Gedenkstein an den Bankier und Industriellen Leopold Koppel, der mit der nach ihm benannten Stiftung wesentlich zum Aufbau der KWG und zur Gründung des ersten KWI für Physikalische Chemie und Elektrochemie beitrug.
30 Meitner, Lise: Einige Erinnerungen an das Kaiser-Wilhelm-Institut für Chemie in Berlin-Dahlem. In: Die Naturwissenschaften, 41. Jg., Heft 5, 1954, S. 97.
31 Das von Nagel, S. 40 genannte Datum – 9.10.1913 – bezieht sich auf die offizielle Einweihung für geladene Gäste, lt. Berliner Tageblatt vom 13.10.1913, S. 5 wurde die Strecke einen Tag zuvor »dem Verkehr übergeben«. si.: Untergrundpremiere. Der erste Tag der neuen Weststrecken.
32 Einweihung der Kaiser-Wilhelm-Institute. In: Berliner Tageblatt vom 23.10.1912, Abendausgabe, S. 3. Die Bild-Datierung des Bundesarchivs 28. Oktober 1913 ist falsch!
33 Freundliche Mitteilung von Werner Weilhard (ehem. Lehrer) vom 8.3.2016.
34 Nagel, S. 43.
35 Nagel, S. 44.
36 Angaben von Partzsch, S. 217. Nagel, S. 45f. nennt Jahr für Jahr völlig andere »Zahlen, ohne daß allerdings für deren absolute Richtigkeit verbürgt werden kann«, wie er selbst schreibt. Es gibt Unterschiede von bis zu 125 Gebäuden im Jahre 1923. Melms hat Nagels Zahlen übernommen, während sich Engels Angaben auf Partzsch beziehen, da seine Zahlen aus den Grundstücksakten des Baufaufsichtsamtes des Bezirksamtes Zehlendorf zusammengestellt worden sein sollen. Daher werden hier die Zahlen von Partzsch verwendet.
37 Zit. nach Engel, S. 142f.; Muthesius, Hermann: Kann ich auch jetzt noch mein Haus bauen? München 1920, S. 7f. u. 111f.
38 O., M.: Hermann Muthesius †. In: Vossische Zeitung vom 27.10.1927, Morgen-Ausgabe, S. 6 und Stahl, Fritz: Hermann Muthesius †. In: Berliner Tageblatt vom 27.10.1927, Morgen-Ausgabe, S. 3.

39 Beispiele für Berliner Klinkerbauten aus den 1920er-Jahren: Borsigturm in Tegel, Ullsteinhaus in Tempelhof, Haus des Rundfunks.
40 Senatsverwaltung für Stadtentwicklung und Umweltschutz, Lks I 1, (Altensteinstraße 66), Anlage 1, Begründung zum Anhörungsschreiben vom 5.7.1990.
41 Freundliche Mitteilung der Enkelin des Architekten aus Pezuls/Frankreich vom 1.3.2016.
42 Klemm, S. 46.
43 Selbstbiographie des Grafen Leopold Sedlnitzky von Choltitz, Fürstbischof von Breslau. Nach seinem Tode aus seinen Papieren herausgegeben. Berlin 1872, S. 126.
44 Berliner Tageblatt, Abend-Ausgabe, 28.1.1914, S. 7.
45 Vossische Zeitung, Morgen-Ausgabe, 18.3.1932, S. 5. Laut der Vossischen Zeitung Morgen-Ausgabe, 19.3.1932, S. 3 fand die Trauerfeier für den Goetheforscher am 100. Todestag Goethes im Krematorium Wilmersdorf statt.
46 Vgl. Simon, Christian: Das Rätsel um Bürgermeister Treff. In: Steglitzer Heimat 2005/1, S. 30–34; ders.: Einige Rätsel um Bürgermeister Treff gelöst. In: Steglitzer Heimat 2005/2, S. 11–13.
47 Busemann, Hertha Luise u. Michael Daxner, Werner Fölling: Insel der Geborgenheit. Die Private Waldschule Kaliski Berlin 1932 bis 1939. Stuttgart 1992, S. 231.
48 Frömming, Karl-Heinz: 100 Jahre Pharmazeutisches Institut in Berlin-Dahlem, 1902–2002. Festschrift. Berlin 2002 und Borchert, Hans-Hubert: Die Pharmazie in Berlin 1810–2010 und ihre bedeutenden Entdeckungen. Vortrag am 6.5.2010 (http://www.gnh-berlin.de/06-05-2010-vortrag-borchert/, 20.2.2016).
49 Heute Berlin Graduate School Muslim Cultures and Societies der FU.
50 Kant, Horst u. Carsten Reinhardt u. a.: 100 Jahre Kaiser-Wilhelm-/Max-Planck-Institut für Chemie. Veröffentlichungen aus dem Archiv der Max-Planck-Gesellschaft, Band 22. Berlin 2012, S. 43.
51 https://www.cam.ac.uk/research/research-at-cambridge/nobel-prize-winners (17.2.2016).
52 Vossische Zeitung, Abendausgabe, 26.3.1924, S. 2.
53 Mäder, Alexander: Ein Normfall im Dritten Reich. In: Berliner Zeitung vom 4.9.2004 (online-Ausgabe, 15.2.2016).
54 Vom 3. Juli 1945 bis zum 3. Januar 1946 waren auf einem englischen Landsitz in der Nähe von Cambridge zehn deutsche Kernphysiker interniert. Die Alliierten wollten wissen, wie weit das deutsche Uranprojekt voran geschritten war. Zu den Internierten gehörten neben Otto Hahn u. a. auch Max von Laue, Carl Friedrich von Weizsäcker und Werner Heisenberg.
55 Lesser, S. 133.
56 Teltower Kreisblatt vom 8.10.1937, S. 6: »Zum Tode Renate Müllers. Im Alter von 30 Jahren verstarb in einem Berliner Sanatorium nach schwerem Leiden die bekannte Filmschauspielerin Renate Müller. Der Zustand der Schauspielerin, die schon seit einiger Zeit in ärztlicher Behandlung war, verschlechterte sich ganz überraschend, und plötzlich auftretende Gehirnkrämpfe setzen dem jungen Leben am Donnerstag früh ein Ende.«
57 Bentley, James: Martin Niemöller. Eine Biographie. München 1985, S. 114.
58 Aktenzeichen: 3 C 20.04.
59 Sandvoß, S. 34.
60 Harich, Wolfgang: Ein autobiographisches Fragment. Zum Gedenken an den Todestag. http://www.rosalux.de/fileadmin/rls_uploads/pdfs/Utopie_kreativ/65/65Harich.pdf (16.3.2016).

61 Pressemitteilung der Museen Dahlem – Staatliche Museen zu Berlin, 1.12.2015.
62 Freundliche Mitteilung des Sekretariats des Museums Europäischer Kulturen, 12.2.2016.
63 Tent, S. 134.
64 Engel 2008, S.133.
65 Freundliche Mitteilung des Studentenwerks, Abt. Speisebetriebe vom 7.12.2015.
66 Freundliche Mitteilung des Leitenden Direktors der Universitätsbibliothek vom 13.2.2016.
67 Krauß, Michael: Der alte Campus – Vom Provisorium zum Henry-Ford-Bau. In: Villen, Rost- und Silberlauben. Baugeschichtliche Spaziergänge über den Campus der Freien Universität Berlin. Berlin 1993, S. 18.
68 Stöbe, Sylvia: Rost und Silber unter Apfelbäumen, S. 35–45 In: Villen, Rost- u. Silberlauben, S. 42, Brief vom 15.3.1991.
69 Zit. nach Weber, S. 85 (Berliner Morgenpost vom 8.2.1978).
70 184 Studiengänge ohne Promotionsprogramme mit Staatsexamen und 1. Juristische Prüfung und ohne Charité, 11 Fachbereiche + Fachbereich Humanmedizin zusammen mit der HU/Charité, freundliche Mitteilung der Freien Universität, Presse und Kommunikation, vom 31.3.2016.
71 http://www.topuniversities.com/subject-rankings/2016 (25.3.2016).
72 Freundliche Mitteilung der Geschäftsführung Stiftung Oskar-Helene-Heim vom 22.3.2016.
73 http://www.dahlem-paradise.de (29.3.2016).
74 Jessen, Matthias: Wohnungsmarkt steht stark unter Druck. In: Berliner Abendblatt vom 2.4.2016, S. 3.
75 Stand März 2016.

## Quellenverzeichnis

Balkow-Gölitzer, Harry/Biedermann, Bettina/Reitmeier, Rüdiger/Riedel, Jörg: Eine noble Adresse. Prominente in Dahlem und ihre Geschichten. Berlin 2005.
Bauakte Lentzeallee 7/11: Landesarchiv Berlin, B Rep. 210. Nr. 1468.
Bentley, James: Martin Niemöller. Eine Biographie. München 1985.
Berliner Adressbücher, 1910–1943.
Borchert, Hans-Hubert: Die Pharmazie in Berlin 1810–2010 und ihre bedeutenden Entdeckungen. Vortrag am 6.5.2010: http://www.gnh-berlin.de/06-05-2010-vortrag-borchert/, 20.2.2016.
Choltitz, Graf Leopold Sedlnitzky von Choltitz, Fürstbischof von Breslau. Selbstbiographie. Nach seinem Tode aus seinen Papieren herausgegeben. Berlin 1872.
Chronik der Kaiser-Wilhelm-/Max-Planck-Gesellschaft zur Förderung der Wissenschaften 1911–2011.
Colmenares, Katja und Hanna Hauer: Fundamente entdeckt – Hier stand früher einmal eine Kosmetikfabrik. In: BZ vom 24.9.2015.
Derenbach, Rolf: Dahlem – Berliner Domäne der Villen, der Bildung und der Wissenschaft. (Diss. FU Berlin). Berlin 2013.
Engel, Michael: Geschichte Dahlems. Berlin 1984.
Engel, Michael: Die Gebäude der Freien Universität Berlin 1948–1970 (Dahlem, Steglitz-Lichterfelde) Ein Beitrag zur Bau- und Nutzungsgeschichte. In: Dahlemer Archivgespräche, Band 13, S. 120–153. Berlin 2008.

Freytag, Antonia: Politische Intention und städtebauliche Entwicklung. Städtische Wohnungspolitik in der Weimarer Republik 1918–1933, dargestellt an den Beispielen Berlin, Frankfurt am Main und Köln. Hausarbeit im Seminar Experimentelles Wohnen 1890–1930. Kunsthistorisches Institut, Universität Bonn. Sommersemester 2000.
Frömming, Karl-Heinz: 100 Jahre Pharmazeutisches Institut in Berlin-Dahlem, 1902–2002. Festschrift. Berlin 2002.
Gareis-Grahmann, Fedilis-Jasmin: Berliner Kleingewässer. Vergleich-Bewertung-Planung. Landschaftsentwicklung und Umweltforschung. Schriftenreihe des FB Landschaftsentwicklung der TU Berlin, Nr. 41. Berlin 1986.
Harich, Wolfgang: Ein autobiographisches Fragment. Zum Gedenken an den Todestag: http://www.rosalux.de/fileadmin/rls_uploads/pdfs/Utopie_kreativ/65/65Harich.pdf, 16.3.2016.
Hoffmann, Jessica/Anja Megel/Robert Partzer/Helena Seidel (Hg.): Dahlemer Erinnerungsorte. Berlin 2007.
Höxtermann, Ekkehard/Ulrich Sucker: Otto Warburg. Biographien hervorragender Naturwissenschaftler, Techniker und Mediziner, Band 91. Leipzig 1989.
Kant, Horst/Carsten Reinhardt u.a.: 100 Jahre Kaiser-Wilhelm-/Max-Planck-Institut für Chemie. Veröffentlichungen aus dem Archiv der Max-Planck-Gesellschaft, Band 22. Berlin 2012.
Klemm, Volker u.a.: Von der Königlichen Akademie des Landbaus in Möglin zur Landwirtschaftlich-Gärtnerischen Fakultät der Humboldt-Universität zu Berlin. Berlin 1998.
Kirchenbuch Steglitz 1838, S. 98 (Evangelisches Zentralarchiv Berlin: Nr. 2599/2).
Jessen, Matthias: Wohnungsmarkt steht stark unter Druck. In: Berliner Abendblatt vom 2.4.2016, S. 3.
Landesdenkmalamt Berlin (Hrsg.): Denkmale in Berlin. Bezirk Steglitz-Zehlendorf. Ortsteil Dahlem. Petersberg 2011.
Lessen, Christan van: Der Report vom Bau-Boom an der Clayallee – Willkommen in Neu-Zehlendorf. In: Der Tagesspiegel vom 24.6.2014: http://www.tagesspiegel.de/berlin/bezirke/zehlendorf/der-report-vom-bau-boom-an-der-clayallee-willkommen-in-neu-zehlendorf/10095908.html 29.3.2016.
Lesser, Katrin (Bearb.): Gartendenkmale in Berlin. Privatgärten. Beiträge zur Denkmalpflege in Berlin, Band 21. Petersberg 2005.
Mäder, Alexander: Ein Normfall im Dritten Reich. In: Berliner Zeitung vom 4.9.2004: online-Ausgabe, 15.2.2016.
Meitner, Lise: Einige Erinnerungen an das Kaiser-Wilhelm-Institut für Chemie in Berlin-Dahlem. In: Die Naturwissenschaften, 41. Jg., Heft 5, 1954, S. 97–99.
Meißner, Bettina u.a.: Villen, Rost- und Silberlauben. Baugeschichtliche Spaziergänge über den Campus der Freien Universität. Berlin 1993.
Melms, Carl-Philipp: Chronik von Dahlem. 1217 bis 1945: Vom Rittergut zur städtischen Domäne. Berlin 1982.
Mende, Hans-Jürgen/Pfaffen, Debora: Friedhof Dahlem und St. Annen. Ein Friedhofsführer. Berlin 2007.
Nagel, Max: Dahlems Geschichte. Berlin 1929.
Partzsch, Dieter: Die Entwicklung des Berliner Ortsteiles Dahlem von einem agraren zu einem städtischen Landschaftsteil. Raumforschung und Raumordnung 20, 1962, S. 216–229.
Rach, Hans-Jürgen: Die Dörfer in Berlin. Berlin 1988.

Sandvoß, Hans-Rainer: Widerstand in Steglitz und Zehlendorf. Berlin 1986.
Schaefer, Paul: Ein Eigenheim in Berlin-Dahlem. In: Deutsche BauZeitung, 63. Jg., 1929, S. 692–694.
Schulz, Manfred: Berlin-Dahlem: Die Schwendener Straße im Spiegel der Zeiten. Berlin 2012.
Senatsverwaltung für Stadtentwicklung und Umweltschutz, Lks I 1, (Altensteinstraße 66), Anlage 1, Begründung zum Anhörungsschreiben vom 5.7.1990.
Sietz, Henning: Fritz Haber und Clara Immerwahr. In: DIE ZEIT Nr. 8/2014.
Simon, Christian: Ausländische Einrichtungen in Berlin. Standorte, Funktion und innerstädtische Verflechtung. Unveröffentlichte Staatsexamensarbeit. Berlin 1991.
Simon, Christian: Lexikon Steglitz-Zehlendorf. Geschichte – Gebäude – Geographie. Berlin 2004.
Simon, Christian: Hauptstadtbauten in Berlin. Berlin 2005.
Simon, Christian: Das Rätsel um Bürgermeister Treff. In: Steglitzer Heimat 2005/1, S. 30–34.
Simon, Christian: Einige Rätsel um Bürgermeister Treff gelöst. In: Steglitzer Heimat 2005/2, S. 11–13.
Simon, Christian: Wo sie ruhen. Führer zu den Gräbern bedeutender Persönlichkeiten in Berlin und Umgebung. Berlin 2009.
Simon, Christian: Zehlendorf. Zwischen Idylle und Metropole. Berlin 2013.
Simon, Christian: Wilmersdorf. Zwischen Idylle und Metropole. Berlin 2015.
Stiftung Oskar-Helene-Heim (Hg.): 1914–2014. 100 Jahre Oskar-Helene-Heim. Berlin 2014.
Tent, James F.: Freie Universität Berlin 1948–1988. Eine deutsche Hochschule im Zeitgeschehen. Berlin 1988.
Veröffentlichungen aus dem Archiv zur Geschichte der Max-Planck-Gesellschaft, Bd. 5.
Weber, Klaus Konrad: Chronik von Dahlem II. 1945–1981. Landhauskolonie und Stätte der Wissenschaft. Berlin 1986.
Welge, Helmut: Wissenschaftsfinanzierung im Dritten Reich, Diss., Berlin 2014.

*Internetquellen*

https://de.wikipedia.org/wiki/Liste_der_Stolpersteine_in_Berlin-Dahlem, 24.2.2016.
http://www.fu-berlin.de/campusleben/campus/2010/100709_stolperstein/, 19.5.2016.
http://www.fh-bingen.de/aktuelles/detail.html?tx_ttnews[tt_news]=602&cHash=ce24a42eef37de6bbd594bc897edae21, 23.2.2016.
http://www.stolpersteine-berlin.de/sites/default/files/stolpersteine/dateien/text_zu_bianka_hamburger_von_prof._dr._regine_buchheim_2011.pdf, 23.2.2016.
https://www.cam.ac.uk/research/research-at-cambridge/nobel-prize-winners, 17.2.2016.
http://web.fu-berlin.de/chronik/chronik_1949-1960.html, 3.4.2016.
http://www.topuniversities.com/subject-rankings/2016, 25.3.2016.
http://www.dahlem-paradise.de, 29.3.2016.

*Zeitungen*

Berliner Tageblatt, 11.1.1911 (Abend-Ausgabe), 14.1.1912 (Morgen-Ausgabe), 23.10.1912 (Abend-Ausgabe), 2.11.1912 (Abend-Ausgabe), 13.10.1913 (Morgen-Ausgabe), 28.1.1914 (Abend-Ausgabe), 27.10.1927 (Morgen-Ausgabe).
Berliner Volkszeitung, 27.5.1914 (Abend-Ausgabe).
Berliner Zeitung, 19. August 2008.
Vossische Zeitung, 26.3.1924 (Abend-Ausgabe), 27.10.1927 (Morgen-Ausgabe), 18.3.1932 (Morgen-Ausgabe), 19.3.1932 (Morgen-Ausgabe).
Teltower Kreisblatt, diverse Ausgaben 1859 bis 1896 und 8.10.1937.

## Abbildungsnachweis

Archiv der Domäne Dahlem: 47
Archiv der Max-Planck-Gesellschaft: 63, 65 (Umschlagvorderseite, u.), 69, 84, 85 (bearb.), 86, 100, 101, 103, 129
Archiv Jörg Becker: 11, 27, 44, 45, 46, 50 (Umschlagrückseite), 62, 64, 89, 90 rechts, 140, 152, 154, 159
Archiv St. Bernhard: 130
Berliner Architekturwelt, 1. Jg., Heft 2 (Mai 1898), S. 56 (Axel Mauruszat, gemeinfrei): 12
Bern, G. von (gemeinfrei): 23 links
Bezirksamt Steglitz-Zehlendorf von Berlin / Fachbereich Vermessung und Kataster, Genehmigung vom 14.4.2016: 30
Bundesarchiv: 107, 118
Heimatverein Steglitz: 52, 54, 61 (Umschlagrückseite)
Holtz, Wolfgang: 15
Kübelbeck, Armin: Umschlagvorderseite (r. o.)
Kubrak, Bodo (gemeinfrei): 33, 145
Kuley, Peter: Umschlagrückseite (u.)
Landesarchiv Berlin: 106, 117 (beide Charlotte Willott), 125 (-), 135 (Stefane Jacob), 137, 139 (beide Heinz Urban), 143, 151 (beide Horst Siegmann)
Martin Weißer Architekten: 78
Meurer, Karl-Heinz: Umschlagvorderseite (l. o.)
Projektagentur des Vereins Freunde der Domäne Dahlem: 70
Simon, Christian: 8 (Umschlagrückseite), 17, 20, 25, 34, 35, 37, 39, 40, 42, 48, 53, 55, 57, 67, 73, 74, 77, 79, 81, 82, 87, 90 links, 91, 92, 95, 99, 111, 112, 113, 116, 120, 121, 123, 127, 142, 149, 155, 157, 160, 163, 165, 167
typegerecht, Berlin: 72
Wildereber, Photo von Druck (gemeinfrei): 23 rechts

# DER AUTOR

Christian Simon, geboren 1960 in Berlin, studierte Geographie, Politologie und Grundschulpädagogik an der Freien Universität Berlin. Promotion mit einem Berlin-Thema an der Technischen Universität Berlin. Er ist tätig als Stadtführer sowie als Autor und Verleger von Berlin-Literatur.